本书是教育部人文社科项目“现代归纳逻辑的科学与哲学认知基础及应用研究”（16YJC72040002）的结项成果。

科学、哲学与认知视域下的现代归纳逻辑研究

王 磊 著

燕山大学出版社
·秦皇岛·

图书在版编目（CIP）数据

科学、哲学与认知视域下的现代归纳逻辑研究 / 王磊著. —秦皇岛：燕山大学出版社，2021.3（2022.3 重印）

ISBN 978-7-81142-953-4

I. ①科… II. ①王… III. ①归纳－研究 IV. ①B812.3

中国版本图书馆 CIP 数据核字（2022）第 036491 号

科学、哲学与认知视域下的现代归纳逻辑研究

王磊 著

出 版 人：陈 玉
责任编辑：朱红波
封面设计：刘韦希
出版发行：燕山大学出版社 YANSHAN UNIVERSITY PRESS
地 址：河北省秦皇岛市河北大街西段 438 号
邮政编码：066004
电 话：0335-8387555
印 刷：英格拉姆印刷(固安)有限公司
经 销：全国新华书店

开 本：700mm×1000mm 1/16　印 张：11.5　字 数：188 千字
版 次：2021 年 3 月第 1 版　印 次：2022 年 3 月第 2 次印刷
书 号：ISBN 978-7-81142-953-4
定 价：46.00 元

前　言

随着科学技术的日新月异和人类实践的不断发展，哲学与认知越来越紧密联系起来，逻辑属于哲学，比较于其他哲学学科，逻辑与认知有着更天然的紧密联系，哲学与认知的融合特别是逻辑与认知的融合，已经成为哲学界甚至科学界持续关注的一个热点问题和重点主题。无论是古典归纳逻辑，还是现代归纳逻辑；无论从理论基础、核心概念，还是从形式系统的逻辑构建，都体现了归纳逻辑的学科交叉和包容性，而这一点也是它更具有知识创新价值，更能实现与认知活动的融合，从而发挥巨大正能量作用的根本原因。

归纳逻辑是逻辑学的重要组成部分，然而由于其结论的或然性，归纳逻辑遇到了空前的质疑。近年来，随着认知科学和人工智能等新兴领域的崛起，归纳逻辑迎来了发展的契机。对科学、哲学和认知视域下现代归纳逻辑的应用前景进行展望，以期获得对归纳逻辑理论更加客观的认识。

本书旨在通过对古典归纳逻辑和现代归纳逻辑的比较分析，建立一个科学、哲学与认知视域下的现代归纳逻辑体系，并以此为基础，提出对现代归纳逻辑的哲学和认知基础及应用研究的看法，进而从科学的角度分析现代归纳逻辑的知识创新功能。

为实现这一目标，本书做了以下工作：

第一，从哲学和认知的角度对古典归纳逻辑理论进行了分析和阐释。对完全归纳推理的认知特点和不完全归纳推理的认知功能进行了论述，同时对二者在日常生活和科学观察实验中所起的不同作用加以比较，进一步探讨了古典归纳逻辑的哲学思辨意义和价值。

第二，对归纳逻辑由古典向现代演进的过程中出现的认知转向及其意义进行了阐述。古典归纳逻辑面对定性认知，现代归纳逻辑面对定量认知，不同逻辑形态背后面对的是不同的认知类型。从整体上看，面向不足认知和复杂认知的归纳逻辑研究，不仅是人类认知需要的深入拓展，更是归纳逻辑必然的发展方向。

第三，详细论述了现代归纳逻辑的重要组成部分——勃克斯因果陈述逻辑和卡尔纳普归纳逻辑理论，对勃克斯和卡尔纳普的现代归纳逻辑体系及其价值进行了剖析。以此为基础，对现代归纳逻辑的科学基础、哲学意蕴和认知价值进行了深入的分析，以期为现代归纳逻辑的方法论研究奠定相关的理论基础。

本书在编写过程中，参考了国内外近年来出版的归纳逻辑教材和专著，主要参考了何向东、刘邦凡的《新逻辑学概论》，邓生庆、任晓明的《归纳逻辑百年历程》，桂起权、任晓明和朱志方的《机遇与冒险的逻辑》，熊立文的《现代归纳逻辑的新发展》以及其他一些逻辑学论著，除重要引文已在书中标注外，余者恕未一一列出，对于这些著述的作者，在此深表谢意。

目　　录

第一章 绪 论

归纳推理是人类认识活动中一种重要的思维模式。它根据大量的具体现象或事例，结合其他基础知识、背景信息、社会事实等提取出一般性结论。归纳推理属于一种扩展性或者说放大性的推理，也是行为的重要组成部分，是人类扩展知识、参与社会生活的有效工具。归纳逻辑过去虽然饱受诟病，有不少人对其合理性提出了严峻的挑战，比如“休谟问题”以及诸多逻辑悖论等，但这也并不能证明归纳逻辑就是伪科学。归纳逻辑推理与演绎逻辑推理相对应，它不能保证得出必然真的结论，但是它在人们日常生活和科学研究中的地位与作用却不能忽视。

第一节 归纳逻辑及其基本含义

从广义上理解，归纳逻辑就是结论的判定范围超出前提判定范围的一种具有或然性特点的推理方式。它是由特殊到一般的推理，由一定程度的关于个别事物的知识过渡到涵盖范围较大知识的结论。它是从具体事例推导出普遍原理，结论的不确定性是它的显著特点。归纳逻辑的观察对象是具体、个别的事物，而归纳逻辑的结论是适用于这一类型事物的通用规律。它由范围较小的样本过渡至范围较大的样本，因此归纳逻辑前提的断定范围超出了结论的断定范围。归纳逻辑的目的是寻找适用于某一类事物的普适性原则，然而多数情况下，这一类事物所包含的样本个数都是无穷多或者处于不断变化之中的，因此无法保证每一个样本都是经过观察和实验的，那么未被观察到的样本的真实性便难以保证。也就是说，归纳逻辑是由某一类事物中部分被观察到的样本，推导出适用于包含被观察和未被观察的此类事物的普遍规律，因此归纳逻辑结论的正确性是或然的。

从狭义上来理解，归纳逻辑是指人们在生产生活的过程中，以一定的经验和知识为基础，通过观察范围较小的事物概括总结出共同规律，并且假定该规律适用于范围较大的同类事物，从而将这些规律作为认识和预测这一类事物的一种认知方式。自然界和社会中所蕴含的普遍规律都存在于个别、特殊事物中，并通过具体事物表现出来。人们在认识和理解某个涵盖范围较大事物的时候，往往是从个别、特殊的事物来总结规律，进而概括出带有普遍适用性的公理或原则。这种认识秩序贯穿于人们的生产活动之中，由小见大，由个别过渡为适用范围更广乃至普遍适用的规律。因此，个别是通往普遍的必经之路。规律是无法被人们突然发现和领悟的，尤其在生产生活的初期，人们只能观察到有限的样本，因此归纳逻辑成为人们无法拒绝的认知方式。在经验活动中，归纳逻辑在大多数情况下被证明是有效的，因此选择使用归纳逻辑是人们较为合理的选择。

第二节　认知视域下的归纳逻辑和演绎逻辑

归纳逻辑和演绎逻辑被认为是知识论的两大工具，二者被广泛地应用于人们的日常生产生活和科学研究中。归纳和演绎在人们获取知识的过程中起到的作用是不同的，它们自身的独特性质导致了它们功用的差异。

概括地讲，必然性和空洞性是演绎逻辑所拥有的两个明显特征。必然性是演绎逻辑区别于归纳逻辑的最大特点，演绎逻辑的前提和结论之间的联系是必然的。也就是说演绎逻辑结论的正确性是可以确定的，它运用的是数学推理，从正确的前提出发，使用正确的推理方式，便可保证其结论的正确性，因此演绎逻辑也被称为必然性推理或保真性推理。而归纳逻辑结论的正确性是无法保证的，即便它像演绎逻辑那样从正确的前提出发，也无法得出绝对正确的结论。演绎逻辑之所以能够保证其结论的必然正确，离不开它的另一个特质——空洞性。空洞性是指所表述的是语言规则，而不涉及物理客体的任何属性。如果说必然性是演绎逻辑的价值所在，那么空洞性就是演绎逻辑的价值立足的根本。正是因为演绎逻辑不会在它的前提里面附加任何额外的条件或性质，它才可以保证其结论的万无一失。演绎逻辑和归纳逻辑各自所具有的不同特质直接导致了二者的功能不同。演绎逻辑的结论是确定的，科学追求的是严谨和周密，所以它常常被应用于科学研究中。归纳逻辑的结论是或然的，虽然在一些情况下也被应用在科学研究中，但是归纳逻辑本身的合理性往往会引发质疑，如何为归纳逻辑作出合理科学的辩护成为很多学者追求的目标，著名的“休谟疑难”就由此而来。

演绎逻辑和归纳逻辑代表着两种截然不同的思维方式。演绎逻辑是从一般到特殊的思维方式。演绎逻辑主要通过“三段论”的形式表现出来，即由大前提、小前提和结论所构成。大前提是已知的原理或规律，小前提是具体的事物形态，结论是将这个具体事例代入已知规则中所得出的知识。如果一个规律或属性具有普遍性，它适用于某一类事物，那么这一类事物中的每一个单独个体都必然适用于这个规律。人们把普遍规律运用到特殊事物中，获得新知识的同时更加深刻地认识到特殊现象，便扩展和深化了原有的知识体系。归纳逻辑则代表了从特殊到一般的逻辑思维方式。人们的认识活动总是最先接触到个别具体的事物，然后发现某些事物具有相同的规律，再从这些事物中概括总结出相关规则和原理，使认识得到深化，并把它假设为适用于这一类事物的普遍规律，用来指导今后的实践。

演绎逻辑的结论所断定的范围小于前提所断定的范围，它的结论包含在前提之中，所以当演绎逻辑的前提为真时，其结论必然为真。而归纳逻辑的结论所断定的范围大于前提所断定的范围，它的结论是超出前提的，因而即便归纳逻辑的前提为真，其结论的真实性也是或然的，不能排除结论为假的可能性。也就是说，演绎逻辑是非扩展性的，而归纳逻辑是扩展性的。

因此，尽管演绎逻辑和归纳逻辑是两种截然不同的推理方式，但二者是相辅相成的，仅仅依靠其中单一的逻辑形式无法形成系统性的知识，科学真理是二者辩证统一的产物。

第二章　认知科学视域下的古典归纳逻辑

随着当代认知科学的兴起，归纳逻辑在科学认知中的功能逐渐被人们重视，尤其是在人工智能专家系统内，在建立使用与完善知识库的过程中，不得不运用归纳推理。然而查阅近几年的资料，却几乎全部集中于现代归纳理论，对古典归纳逻辑仅有少量提及。古典归纳理论主要包括完全归纳推理、简单枚举归纳、科学归纳、排除归纳和类比推理。作为近代科学的产物，它直接导致了观察一实验的研究风貌，为近代科学的繁荣发展作出了重要贡献。在提倡知识创新的今天，古典归纳逻辑的价值同样不应当被忽视。

第一节　完全归纳推理的科学认知功能

完全归纳推理在前提中考察的是某类事物的全部对象，结论是对全部对象作出的判断，结论所断定的范围并未超出前提所断定的范围，因此，完全归纳推理是一种必然性推理。正因为完全归纳推理的这种必然性，有人把它划归为演绎推理之中。但从科学认知的角度来看，完全归纳推理与演绎推理其实并不等同。

一、形式结构

完全归纳推理是指根据某类对象中的每一个都具有（或不具有）某种属性，从而推出该类对象的全部都具有（或不具有）某属性的归纳推理。完全归纳推理可用如下逻辑形式表示：

S_1 是 P，

S_2 是 P，

S_3 是 P，

……

S_n是P，

S_1，S_2，S_3，…，S_n是S类中的全部对象。

所以，所有S都是P。

S_1，S_2，S_3，…，S_n分别代表某一对象，S代表某类对象，P代表对象的属性。

举例如下：

氦是惰性气体，

氖是惰性气体，

氩是惰性气体，

氪是惰性气体，

氙是惰性气体，

氡是惰性气体。

氦、氖、氩、氪、氙和氡是元素周期表中零族的所有元素。

所以，零族所有元素都是惰性气体。

二、完全归纳推理的科学认知特点

前面说过，完全归纳推理尽管在形式上与演绎推理近似，但是在认知功能方面却有着不同的表现特征，主要有以下几点：

第一，它们认知的条件不同。必然性作为一个哲学范畴，是指由事物的本质规定的联系和必定的发展趋势，由前因决定了而结果一定会怎样。就认知而言，完全归纳推理的结论既决定于对象方面，也决定于主体方面，与演绎必然性是完全不同的。完全归纳推理的结论带有主观模态的性质，是经验可错的；演绎必然性是不带有推理者的主观断定的，是逻辑不可错的。[①] 如果把归纳的必然性混同于演绎的必然性，就会加重理论的异化作用，不利于科学探索和创新。

第二，它们的认知过程和目的不同。演绎推理遵循“一般到个别”的认知

① 倪荫林．两个必然性辨异 [J]. 广西社会科学，2005（8）：21-23.

原理，即从一个普遍性原理推出一个具体事物。完全归纳推理则依据的是“个别到一般”的认知原则，两者的认知过程完全相反。演绎推理由于其大前提是关于一般知识的论断，因此它把单个具体事物作为其认知的终点，其结论只能用逻辑规则证伪。完全归纳推理则把某类事物的普遍规律作为其认知终点，结论不仅用逻辑规则证伪，还能用经验事实证伪。因此在科学活动中，不应把归纳的结论绝对化，束缚自己的思维与探索活动。

第三，绎推理由于其结论包含于前提之中，因此无法获得新的知识。完全归纳推理虽然结论没有超出前提的范围，但由于其结论并非是对前提简单的重复，而是有关一整类事物某种属性的概括，是认知上的一种飞跃，所以它也可为人们提供新知识。并且由于科学研究的主要目的之一是获得科学的原理和定律，而科学的原理和定律又都是一般性的知识。因此，从逻辑形式上说，完全归纳推理的结论更符合科学认知的结论。完全归纳推理不仅对知识有着很好的确证作用，而且比演绎推理更具有理论与实践的指导意义。

第二节 不完全归纳推理的科学认知功能

不完全归纳推理是指考察一类对象的部分对象，根据它们具有或不具有某性质，从而概括出关于该类对象具有或者不具有某性质的推理形式。由于推理形式不同，不完全归纳推理和完全归纳推理在各自所具有的认知功能方面也存在差异。

一、简单枚举法的科学认知作用

简单枚举归纳是根据某类对象的部分具有或不具有某种属性，且没有发现反例，从而推出该类对象的全部都具有或不具有某种属性的推理。由于简单枚举归纳对前提考虑不完全，只要求前提的考察过程中没有发现反例，不需要其他条件，就可以在此基础上作出一般性的结论，因此结论是或然的。其逻辑形式一般为：

S_1 是 P

S_2 是 P

……

S_n 是 P

S_1，S_2，S_3，…，S_n 是 S 类的部分对象，且未发现反例，

所以，所有 S 都是 P 。

简单枚举归纳是最基本的归纳逻辑，在某种程度上可以说是归纳逻辑的代表。虽然简单枚举归纳方法简单，但就科学认知与知识创新来说，其功能却是非常强的：

第一，它体现了科学认知的特性。人们对世界的认识总是从个别事物开始，遵循低级到高级、个别到一般的认知规律。对事物的认识最终都应该形成普遍认识，否则就是不完全的，对理论和实践的意义就不大。然而要形成一般普遍的规律，对于事实材料就要求大量的甚至是完全的考察，这对于某些事物则是很难办到或根本不可能的。而且就科学理论来说，一般都不具有完全性。简单枚举归纳的特点在于能够打破原则的局限，尝试从少量的经验材料出发得出普遍的命题。虽然得出的结论不是必然的，但是为知识创新创造了条件，体现了科学认知的尝试性原则。如德国数学家哥德巴赫仅仅考察了从 4 到 14 这一部分偶数，发现它们都具有两素数之和的性质，且无反例，进而提出了著名的哥德巴赫猜想："所有大于等于 4 的偶数都可以写成两素数之和。"[①] 这个猜想至今都未被最终证明，但它的意义却不可否认。

第二，它为科学认知提供了方向。认知通常是以现有材料为基础，面对大量的毫无头绪的经验知识，人们运用简单枚举归纳从若干个简单材料归纳得出一个初步结论，为进一步研究提供了一个大致目标。为了证实结论，人们往往通过收集、整理、分析各种相关材料，不断扩大考察对象。如果一旦发现反例，就可以改变方向或者加入新的限制条件（比如概率）继续进行。并且在考察的过程中，该结论将会作为认识成果巩固下来并影响下一阶段的认识活动，直至完全确证。

第三，它使知识创新成为普通大众可以从事的活动。简单枚举归纳简便易行，在人们的日常生活中得到广泛应用。对于一些重复出现的事物情况，人们经常运用简单枚举归纳概括出一些客观规律性的认识。如"近朱者赤，近墨者

① 何向东 . 归纳逻辑与科学创新 [J]. 哲学研究，2004（12）：75-80.

黑”“瑞雪兆丰年”等生活谚语就是这种逻辑推理的典型。

二、科学归纳法的科学认知作用

简单枚举归纳依靠的是观察，结论依赖于观察例证的数量、分布范围和有没有反例，只要有一个反例，全称结论就被推翻。在实际的科学认知活动中，这其实是一种非常不经济的方法，不仅浪费人力物力，有时候还会丧失大好机遇。正如恩格斯所言，十万部蒸汽机并不比一部蒸汽机更能说明热能转化为机械能。因此科学活动往往采用简单枚举归纳的一种变形形式——科学归纳。

S_1 是 P

S_2 是 P

……

S_n 是 P

S_1，S_2，S_3，…，S_n 是 S 类的部分对象，且未发现反例，

并且科学研究表明，S 和 P 之间有必然联系，

所以，所有 S 都是 P。

与简单枚举归纳相比，科学归纳似乎没有多少创新之处。就逻辑形式而言，只是增加了前提所列对象同某属性之间的必然联系。但正是这种增加，使得这种归纳推理被冠以“科学”之名，在科学理论创新中有着突出的地位。

第一，与简单枚举不同，科学归纳不停留在事物经验的简单重复，而是以当前的科学原理和知识，对事物与其属性进行科学分析，以掌握事物的必然联系为依据作出结论。同样科学认知的主要任务也不是对已有事物的简单的、孤立的分析，而是通过对事物与事物之间的联系探求其背后的科学规律。因此我们说科学归纳为知识认知奠定了逻辑基础。

第二，正如简单枚举归纳，科学归纳同样没有穷尽某类事物的全部对象，却得出一个关于全称的普遍命题，其可靠性也不具有绝对的意义。科学归纳的可靠性有一定的适用范围与界限，是有条件的，而不是绝对正确的。这一方面说明科学归纳通过揭示事物的内在的或因果的联系，得到了非常可靠的结论，为科学预测提供了理论上的逻辑依据。另一方面也揭示科学归纳的结论是不完全的，科学假说的预测功能同样也是不完全和有限的。科学归纳的不完全性体

现了科学理论需要不断发展和修正，知识创新是一个永无止境的过程。

三、排除归纳法的科学认知作用

排除归纳也称为求因果联系方法，是根据因果关系的某些特点，把某些明显不是被研究现象的原因的先行情况排除掉，而在其余的先行情况与被研究现象之间确立因果关系。该方法由培根先行提出，后经穆勒系统总结为求同法、求异法、求同求异并用法、共变法和剩余法 。

一方面，排除归纳对于探求科学事物之间的因果联系，进而对科学现象作出因果可能性的推断，提供了一套逻辑能行的方法。科学研究活动离不开对经验认识的概括总结，但对事物规律性的探究单凭经验概括是远远不够的，它需要通过实验来反复考察事物现象之间的内在联系，分析各种事例之间的关系。简单枚举法的结论之所以不可靠，并不完全因其前提所考察的事例数量有限，而是在于它没有建立在对事例分析的基础上，纯粹的事例堆积不能确保结论的可靠。科学归纳虽然提出要把握事物之间的因果必然联系，以便掌握事物发生、发展的规律，但却没有一套能行的方法，仅满足于被动地观察研究外界所提供的事例，无法通过实验来变换条件，达到对事物作进一步的研究的目的。因果联系虽是复杂的，但它是普遍存在于事物现象之间的一种先后相继的必然性联系。从实验探究中总结出应遵循的准则，既是可能的也是合理的。排除归纳符合科学探究活动的特征，具有方法论意义。

与近代科学实际相适应，排除归纳法在科学发现中主要起到发现经验定律的重要作用。可以说没有科学归纳法，就没有近代科学理论的创新。对于排除归纳的科学认知价值，科恩和内格尔曾指出：任一关于某现象原因的探索总是从假说开始的，没有一种清晰的可接受假说，就不会有实验或推理；同时，解释一现象的假说常常是多元的，对于多元假说需要进行实验择优，所有实验准则的功能就是排除了某些或所有的可选择的因素，决定可能原因或结果或恒定的因果关系，以帮助人们对因果联系的假说进行检验。①

另一方面，虽然排除归纳在科学发现中起着相当的重要作用，但是它的功

---

① M R Cohen，E Nagel. An Introduction to Logic an Scientific Method [M]. London：Rutledge，1978：265.

能却不应被无限夸大。实际上，只有把排除归纳与假说演绎法等其他方法结合，才能发挥它的实际作用。从下例中我们将看到，即使严格地使用排除归纳，也不能发现被研究现象的原因。[①] 这个假想的例子说的是一个酒鬼，他嗜酒如命，身体越来越差。他的妻子告诫他，别再喝醉了。可他不相信这一切都是醉酒造成的，于是他做了一个实验。连续一个星期，他搜集各种类型的酒用作研究对象。试验中其先行情况分别是：白酒加苏打、啤酒加苏打、黄酒加苏打、葡萄酒加苏打、露酒加苏打。在露酒中他做这样的典型实验：用竹叶青加苏打、五加皮加苏打、园林青加苏打。然后他用排除归纳中的求同法寻找原因，从而断定加苏打是使他醉酒的真正原因。

在这里，酒鬼虽然严格地应用了穆勒寻找原因的方法，但是却没有找到真正的原因。这里出现失误的根源不是没有用好排除归纳，而是错误地分析了“先行情况”。如果不把各种类型的酒看作不同情况，而是注意到各种酒的共同因素是都含有一定量的酒精，那么先用契合法然后用差异法就可以揭示真正的原因。但是，我们又怎样得到分析先行情况的正确方法呢？为了作出正确的分析，就需要事先发现因果律，而发现因果律的方法绝不是穆勒方法。由此可见，排除归纳的成功应用要求对先行情况作恰当分析，而方法本身并不能告诉我们如何区分恰当的与不恰当的分析。从形式逻辑角度看，排除归纳是朴素的，基本停留在质的描述，缺乏精确的量化和形式化，需要对其进行改造。

四、类比推理的科学认知作用

类比推理是根据两个或两类事物在一系列属性上相似，从而推出它们在另一个或一些属性上也相似的推理。其一般形式为：

A（类）对象具有属性 a、b、c、d，B（类）对象也具有属性 a、b、c，所以，B（类）对象也具有属性 d。

类比推理是科学研究中经常使用的方法，康德就曾说过：“每当理智缺乏可靠论证的思路时，类比这个方法往往能指引我们前进。”与演绎推理和简单枚举归纳相比较，演绎推理的结论局限于前提的范围，简单枚举则局限于同类事物的概括，而类比推理由于能把任意的对象放在一起进行比较和推论，因此它不

① 黄顺基，等 . 逻辑与知识创新 [M]. 北京：中国人民大学出版社，2002：326.

但可使不同种类事物的知识相互移植和推广，而且具有触类旁通、举一反三的特殊功能，从而成为思维呈现创新的一种契机。作为一种富于创新性的推理方式，类比推理在知识认知与科学创新中突出的特点在于两个方面：

首先，在古典归纳逻辑中，较之上述推理，类比推理结论的可靠性程度是最低的。必然性推理由于其结论被严格地限制在前提的断定范围之内，不得有任何超出，因而结论最可靠但创造性最弱。完全归纳推理的创造性，亦没有不完全归纳推理的创造性强。可见对推理来说，可靠性与创造性是一对矛盾：推理的结论越可靠，其创造性相应就越弱；结论不可靠，其创造性相应就强。类比推理是一种从特殊到特殊的推理，当它把人的认识从一个领域引向另一个新的领域时，其结论有时会远远超出前提断定的范围，对于科学发现和技术发明来说，无疑具有重要的探索和预测作用。

另外，类比推理前提中相比较的两种对象不仅可以是两类事物，还可以是两种不同的理论。如英国物理学家麦克斯韦就把物理学科的类比描述为：一门科学与另一门科学定律之间部分相似会使其中一个作为例证来说明另一个，并且他也成功地运用这种方法把电、磁和光的理论统一在一个体系中，预言了电磁波的存在，建立了电磁理论。因此，类比推理对于科学理论的创新，同样具有重要价值。

其次，由于模型方法的引入，在现代科学研究和工程技术的可行性论证中，类比推理突破了原有那种自然式或自发式框架，展现了更加广阔的应用前景。所谓模拟，就是按照一定的规则造出一个研究对象的类似物，在这个类似物上再现研究对象的特征和过程。以模型必须满足的三个条件为例：第一，模型与原型之间有相似关系，而且根据原型的属性和规律比较精确地规定了这种相似关系的形式，而这种相似关系就是类比的逻辑展开。第二，模型在实验过程中充当了原型的代表。模型是研究对象，人们在实验中直接控制和变革模型，研究它的规律，但是研究模型是为了研究原型，模型又是研究的手段。模型的这种双重作用，要借助类比才能实现。第三，对模型的研究，能够得到关于原型的信息。这里又要运用类比推理，从模型实验的结果，通过已经确定的相似关系，推出原型的某个结论。①

① 王早霞．类比在科学认知过程中的作用 [J]. 理论探索，2004（3）：19-20.

总而言之，类比推理在科学认知活动中起着独特的作用。它不仅是模拟实验的逻辑基础，还推动了假说的创立，帮助人们理解无法直接看到的自然现象和社会现象，许多代表人类最高成就的重大科学发现都源于类比。

事实上，世界上任何一种科学都无不是从归纳逻辑出发，提出假说，再形成各种典范或理论。无论是简单枚举归纳、科学归纳、排除归纳还是类比推理，都有一个共同的特点，就是在它们的推理中，结论的断定总是超出了前提的范围。因此，它们都是放大的、不确定的推理。正是由于这一点，就使它们所推导出来的结论既是原有知识的扩充，又是对未来理论的预测，对科学理论创新和知识认知无疑具有重要价值。

第三节　认知视域下的穆勒五法

归纳逻辑以时间先后可以划分为古典归纳逻辑和现代归纳逻辑。因此，我们可以据此澄清古典归纳逻辑理论的发展脉络，它涉及古典归纳逻辑的萌芽期——亚氏逻辑、发展期——培根逻辑、高峰期——穆勒逻辑这三个发展阶段。本节重点论述穆勒五法及其认知功能。

不管是什么类型的归纳推理，都有一个共同的特征，那就是：它们都是不确定推理，或者说是或然性的推理。它们的前提与结论之间存在着某种间隙。换言之，归纳推理不像演绎推理，它的结论并不隐含在前提中，它有可能从真的前提推出假的结论。实际上，我们是把所有的非演绎推理都归入了归纳推理之列。因此，在阐释穆勒归纳逻辑之前，有必要对它产生的理论基础——培根归纳逻辑理论进行论述。

一、理论来源——培根的归纳逻辑

基于亚里士多德归纳逻辑的相关研究和对科学研究的经验，培根提出了排除归纳法，归纳法具体分为以下三步：

第一步，收集经验材料。从马克思主义基本原理的角度来看，它就是人们通过各种社会实践获得丰富的感性认识。正是由于归纳是从个别到一般的思维过程，因此，感性材料越丰富，认识就越深刻，归纳推理得到的结论也就越可靠。

第二步，三表法的运用。三表法是培根归纳逻辑的一大创举，也是培根归纳逻辑的核心部分。第一个表叫作具有表，即把具有某种现象的事物排列起来，在探寻的过程中，不需要理性思辨。第二个表是差异表，即收集不具有某种相同现象的事物并作为一表，进而与具有表相比较，找出所拥有对象的反面事例，深入了解事物的特性。第三表叫作程度表，也称为比较表。目的在于考证现象与性质的反变状况，来总结事物的真正形式。

第三步，在前面工作的基础上进行归纳，大致分为三步：第一，排除法。以三表法所列举的实例为基础，进行排除或拒斥，其中给定性质存在的不包括这些性质，或者是给定性质不存在的包括这些性质，或者是在这些例子中，与给定的性质呈反变态势，据此把不属于某种形式的性质排除掉，从而找到事物的真正形式。第二，根据三表法所举出的事例，作一次正面解释的尝试，通过排除之后得出正面的结论。第三，纠正解释偏差。培根列举了九种帮助，如“具有优先权的例证”“归纳法的改正”“按题目的性质改变研究方法”，等等，这九种方法旨在修正以上程序中的失误，求得尽可能准确的结论。

二、主要内容

早在 1843 年，约翰·斯图加特·穆勒（John Stuart Mill）讨论并表述了发现原因的“实验探究方法”。尽管这些方法不是他的首创，而是由培根（F.Bacon）和赫舍尔（J.Herschel）首先表述的，但是这种方法是因穆勒而流行的，所以通常称之为“穆勒方法”。

穆勒方法是发现和证明关于因果联系结论的方法。穆勒把它们概括为五种方法，即求同法、求异法、求同求异并用法、共变法和剩余法，亦称“穆勒五法”。在穆勒五法中，穆勒认为求同求异并用法是派生的，因此又称“穆勒四法”。

因果联系是客观事物普遍存在的一种联系。科学发现的重要特性是揭示事物之间内在的因果联系，因此穆勒五法是科学发现中不可缺少的方法。杰出科学家爱因斯坦曾感慨地说：“西方科学的发展是以两个伟大的成就为基础，那就是：希腊哲学家发明形式逻辑体系（在欧几里德几何学中），以及通过系统的实验发现有可能找出因果联系（在文艺复兴时期）。”[①] 这里所说的第二个伟大成就指的就是穆勒五法。

（一）求同法

穆勒在他的《逻辑体系》一书中把他的求同法表述如下：

如果被研究现象的两个或更多事例只有一个共同事态，那么，这个事态——所有事态在该事态上相契合——是给定现象的原因（或结果）。

穆勒举的例子是：

人们发现了物体呈现晶状结构的事例，也有这样一些事例，它们都只有一个共同的先行条件，即有一个从液态到固态的过程。

因此，这个先行条件就是晶状结构的原因。换言之，所有呈现晶状结构（P）的对象已被发现有一个唯一共同因素——它们都有从液态到固态的现象（Q），使用求同法，穆勒的结论是从液态到固态的现象（Q）是它们呈现晶状结构（P）的原因。

求同法是日常生活和科学实验中常用的一种方法。例如，我们发现某幼儿园大班的儿童当中有的患了肾结石，我们得了解其原因。首先要研究的自然是孩子们吃了什么食物。一些患儿吃的而不是所有患儿吃的食物不可能是得病的原因，我们希望知道什么东西是每个病例所共有的。当然，共有的东西可能不是单独的因素，可能是受感染的蔬菜，或者受污染的水，或者其他情况。最后，我们发现，这些患儿都食用过某一品牌的婴幼儿奶粉，而这种奶粉含有大剂量的三聚氰胺。找到了某种所有病例共同的事态，也就找到了患肾结石的原因。

这就是一个应用求同法进行因果推理的事例。在不同的场合，不同性别的患儿，他们生理特征、生活条件都不同，但却发生了都患肾结石的现象。原因是什么？根据他们都食用过某一品牌的婴幼儿奶粉，可以初步断定这个相同的因素与这些患儿患肾结石的现象之间有因果联系，然后经过应用求同法，最后确定，该奶粉含有的三聚氰胺是致病的原因。

求同法的形式是：

---

① 爱因斯坦．西方科学的基础和中国古代的发明 [M]// 许良英，范岱年，译．爱因斯坦文集（第一卷）．北京：商务印书馆，1976：574.

场合	相关先行情况	被研究现象
Ⅰ	A、B、C	a
Ⅱ	A、D、E	a
Ⅲ	A、F、G	a
…	…	…

所以，A 是 a 的原因（或结果）

其中的 a 表示被研究对象，A 表示不同场合中的唯一共同情况，B、C、D、E、F、G 表示不同场合中的不同情况。

求同法在确定一个现象的范围方面很有用，在此基础上进一步研究将产生建设性的成效。但是，它也有严重的缺陷，单单这一方法往往不足以确定有待寻找的原因。例如某人患了感冒，发生呼吸道感染和咽喉炎，服用了 APC 和土霉素，结果病好了，后来又患了同样的病，服用了 APC 和四环素，病又好了，于是某人认为病治好的原因一定是因为两次都服用的 APC。其实，病治好的真正原因是服用了土霉素和四环素。

（二）求异法

穆勒把他的求异法表述如下：

如果在一个事例中被研究现象发生，在另外一个事例中该现象不发生，两个事例中的事态除了这一种事态不同外（该事态仅在现象发生的过程中），其他均相同，该事态（它使得两个事例产生区别）便是该现象的结果或原因，或者为原因中的一个不可缺少的部分。

穆勒举的例子是：

一个人被枪击心脏而毙命，他伤重而亡。伤重是唯一不同情况，所以，他的死亡原因是伤重。

换句话说，当某人死亡（P）时出现了伤重这一情况（Q）；当某人没有死亡（非 P）时没有出现伤重这一情况（非 Q）。两个事例——即他伤重且死亡和他没有伤且没死亡——的其他方面是相似的。

在科学实验中，求异法的应用十分广泛。探求黄热病真实原因的实验就是一个著名例证。美国军队的两名医生怀疑黄热病的传染与蚊子叮咬有关，于是精心设计了一个确证实验。在两个密闭的房间中，他们在受试者之间制造了一个重要差异：一个房间里有叮咬过黄热病人的蚊子，另一个房间没有这种蚊子。这一实验有意识地应用了求异法：两组受试者都密切接触过黄热病人，唯一的差别是，其中一些受试者后来被叮咬过黄热病人的蚊子所叮咬，或者注射了被感染的血液，他们都患上了黄热病，而另一组受试者没有感染黄热病。

求异法的形式是：

场合	相关先行情况	被研究现象
Ⅰ	A、B、C	a
Ⅱ	—、B、C	—

所以，A 是 a 的原因（或结果）

其中，场合Ⅰ叫正场合，先行情况 A 出现被研究现象 a 也出现；场合Ⅱ叫负场合，先行情况 A 不出现，被研究现象 a 也不出现。而 B、C 则是正负场合中的相同情况。

可见，在寻找原因的过程中，求异法是可用的。求异法与求同法是两种探求因果联系的最基本的方法。从作用来看，求异法比求同法又进了一步，它不只有正面场合，而且有反面场合相比较。在实验中，经常需要人为地增加或减少某一个因素，从差异中观察不同的结果，这正是对求异法的应用。

（三）求同求异并用法

当我们把求同法和求异法联合使用时，我们就有了一种比单用一种方法更为有力的归纳法。求同求异并用法可表述如下：

如果在被研究现象出现的若干场合（正事例组）中只有一个共同事态，而在被研究现象不出现的若干场合（负事例组）中却不出现该共同事态，那么这一共同事态就是被研究现象出现的原因（或结果）。

并用法作为一种归纳推理模式，它的可应用性可以通过一个医学案例表现出来。甲型肝炎是一种严重传染病，如何预防它呢？理想的办法是注射疫苗，但问题在于，难以预测何处将爆发感染，难以确定应该给何人注射疫苗；应用并用法可以解决这一问题。

在纽约一个每年流行甲型肝炎的社区进行注射疫苗测试。医学科学家在该社区招募了 1037 名儿童作为受试者。这些儿童都没有感染过甲型肝炎。科学家对一半的儿童注射疫苗，结果这些儿童均未感染甲型肝炎。另一半儿童没有注射该疫苗，结果其中有一些儿童感染了甲型肝炎。于是人们找到了有效的疫苗。

这个例子就是应用了求同求异并用法取得的医学成就。一组儿童的共同因素是都被注射了疫苗，于是用求同法得知，该疫苗是免疫的原因。另一组儿童的共同因素是都没有注射疫苗，于是没有免疫。这分别来看都是求同法，然后对这两组情况再求异，免疫者与不免疫者两组受试者在其他所有方面都相同，只有一点不同：是否注射疫苗，这就进一步确证，注射疫苗是免疫的原因。

求同求异并用法的形式是：

场合	相关先行情况	被研究现象
正事例组Ⅰ	A、B、C	a
正事例组Ⅱ	A、D、E	a
正事例组Ⅲ	A、F、G	a
…	…	…
负事例组 Ⅰ′	—、M、N	—
负事例组 Ⅱ′	—、Q、P	—
负事例组 Ⅲ′	—、Q、S	—

所以，A 是 a 的原因（或结果）。

在科学实验中，人们常常采用“双管齐下”的方法，这就是求同求异并用法的具体应用。

（四）共变法

穆勒把他的共变法表述如下：

一个现象随着另外一个现象以某种方式变化而变化，此时另外一个现象或者是该现象的一个原因，或者是一个结果，或者它通过某个作为原因的事实与之相连接。

按照共变法，如果一个现象在数量或程度方面以某种方式随着另一现象的数量或程度变化而变化，那么这两个现象就是因果相关的。

例如，1917 年美国的生理学家雅克洛布等人发现，在其他条件不变的情况下，气温每降低 8℃，果蝇的寿命就可延长一倍。比如，果蝇在 25℃的环境条件下可以活 35 ～ 50 天，在 18℃的环境条件下可以活 100 天，在 10℃的环境条件下可以活 200 天。由此可以确定，果蝇的寿命与气温之间有因果联系。

共变法的形式是：

场合	相关先行情况	被研究现象
Ⅰ	A_1、B、C、D	a_1
Ⅱ	A_2、B、C、D	a_2
Ⅲ	A_3、B、C、D	a_3
…	…	…

所以，A 是 a 的原因（或结果）。

其中，A_1，A_2，A_3，…表示唯一相关先行情况 A 的不同变化状态；a_1，a_2，a_3，…表示被研究现象的不同变化状态；B、C、D 表示各不同场合相同的先行情况。

共变法在一般观察和实验中经常使用，如关节炎患者感到疼痛是天气要变的预示。观察的结果表明：关节痛和气压变化的确有关系，当气压急剧上升时，关节炎症状反映较多；而气压下降时这种症状就减少，从而说明气压的变化与关节炎疼痛症状之间有因果关系。

共变法是从现象变化的数量和程度上确定因果关系，所以应用共变法可以对事物间的关系进行较精确的度量，因而有较大的可靠性。共变法也有局限，有时共变只是偶然的巧合，并非因果关系。如分析病因时，有时某种偶然因素（如精神刺激）会加重病情，但并不是真正原因。但是共变法本身无法对此作出区分。

（五）剩余法

穆勒是这样表述剩余法的：

从一个现象中减去这样一个部分，在以前的归纳中该部分被认为是某个先行事件的结果，那么该现象剩余的部分为剩余的先行事件的结果。

剩余法关注的是剩余物。应用剩余法的最典型的例子是居里夫人对镭的发现。她已知纯铀发出的放射线的强度，并且已知一定量的沥青矿石所含的纯铀数量。她观察到一定量的沥青矿石所发出的放射线要比它所含的纯铀所发出的放射线强许多倍。由此，她推出在沥青矿石中一定还含有别的放射性极强的元素。

剩余法的形式是：

复合现象A、B、C、D是被研究复合现象a、b、c、d的原因，

B是b的原因，

C是c的原因，

D是d的原因，

所以，A是a的原因。

总之，穆勒五法是非演绎的，它们都是归纳推理的模式。在1843年出版的《逻辑学体系》一书中，他以绝大部分的篇幅从逻辑上系统地对运用这些方法以寻求一般的因果联系和复杂的因果联系等情形进行了论述；他探讨了归纳法的合理性问题，并且初步地提到了了解概率对于归纳逻辑研究的重要性。从上述五种归纳方法可以看出，它们代表着穆勒对提高人类认知能力和水平所付出的努力，更加说明了古典归纳逻辑所具有的科学认知功能。

第三章　古典归纳逻辑的哲学思辨

归纳逻辑本质上是一种哲理逻辑，是逻辑学和科学哲学界共同关心的研究领域。因此，探讨归纳逻辑的哲学思辨问题非常必要。另一方面，从休谟以来的历史经验证明，归纳逻辑的研究离不开哲学和认知方面的分析。归纳问题，也称“休谟问题”以及“因果关系问题”，在归纳逻辑发展史上具有重要的地位。古典归纳逻辑的哲学思辨问题，本质上就是对“休谟问题”的研究及回答，以及对中西方因果关系研究的哲学分析和思考。

第一节　西方哲学对因果关系问题的持续关注

解答因果之谜一直是人类认识史上最具魅力的研究课题之一。古希腊哲学家德谟克利特曾经宣称：“只找到一个原因的解释，也胜过当上波斯人的国王。”[①] 从近代科学诞生之日起，人们对因果观念的逻辑分析就没有中断过。回顾西方哲学对因果关系的研究，是一项有趣又有意义的工作。

一、“休谟问题”引发的古典哲学思考

18 世纪英国哲学家休谟，从经验主义立场出发，考察了因果关系问题，批判了唯理论者以及经验论者关于因果关系独断论的设想。休谟意识到，因果观念不是理性思维、逻辑推理（不管是演绎还是归纳）的产物。那么，如何解决因果联系观念的必然性问题呢？这就是著名的“休谟问题”，这个问题在休谟那里表现为“因果问题”。休谟论证的要点是：关于事实的知识应当以因果关系为

① 北京大学哲学系教研室 . 古希腊罗马哲学 [M]. 北京：生活 • 读书 • 新知三联书店，1957：103.

基础，只有因果关系才能使我们超出感觉和记忆的范围；对因果关系并不能先验地认识，只可能借助于经验；而要由经验得出超出经验的任何知识（包括因果关系的知识）又必须假设因果关系。可见，要证明超出感觉经验得到关于事实的知识的合理性是不可能的。

休谟把因果关系的必然性解释成原因和结果之间的恒常结合，表面上看起来他似乎否定了基于因果关系的推论。然而，事实并非如此。休谟所质疑的是关于这种推论的传统观点，而不是这种推论本身。[①] 也就是说，休谟并不怀疑因果推论的重要性——他既不怀疑我们的因果知识的可靠性，也不怀疑我们能在实践中运用这种知识并取得成功。那么，休谟所质疑的是什么呢？其实，休谟是在寻找人心中的因果观念的根源，看看它的基础是什么，并探讨因果观念所形成的心理学机制。用休谟的话说，“我们来不及反省，习惯就已发生了作用”。也就是说，休谟所怀疑的只是，我们在作出因果推论时，是否有其合理的（理性的及现实的）基础与根源。

康德认为，休谟关于因果关系的经验论观点把感觉经验和理性思维对立起来，只承认前者，不承认后者，从而否认因果关系的普遍必然性，这并没有真正解决因果关系问题。康德对休谟的“因果问题”进行了改造：“问题不在于因果概念是否正确、有用，以及对整个自然知识来说是否必不可少，而是在于这个概念是否能够先天地被理性所思维，是否具有一种独立于一切经验的内在真理，从而是否具有一种更为广泛的、不为经验的对象所局限的使用价值。这才是休谟所期待要解决的问题。”[②] 所以，在康德看来，需要说明和论证的是知识何以具有普遍必然性。

为了回答这一问题，康德提出了“先验解决方案”。也就是说，康德把知识的普遍必然性归结为先验的条件。他认为科学知识之所以可能，是因为人类理性中存在着先天的概念范畴；先天的范畴综合统一经验现象而构成科学知识。其实，换一种思维角度，我们可以这样理解康德在解决休谟“因果问题”时的看法：休谟的问题是，因果关系的逻辑必然性是经验归纳无法解决的，他所能

① 休谟．人性论 [M]. 关文运，译．北京：商务印书馆，1980：123.

② 康德．未来形而上学导论 [M]. 庞景仁，译．北京：商务印书馆，1978：8.

做到的只是给出一种心理层面的习惯联想；但在康德这里，问题似乎成了不证自明的，他直接断定了一种先天的因果关系范畴的存在，以此保证经验活动中因果关系的逻辑必然性。康德的这种思维转换源于他对因果关系本身与因果关系的经验运用的区分。[①] 他认识到，对因果关系诉诸经验的或然性考察，可能会产生动摇因果关系之客观性的危险。因此，康德的这种先验综合判断便成了解决“因果问题”的一条新途径。

而当代美国哲学家戴维森对休谟因果关系理论的批评，则让我们看到了 20 世纪分析哲学对因果关系问题的新探索。戴维森对因果关系理论的解释是通过他的行为因果理论来实现的。戴维森认为，必须从语言的角度对“可设想的”和“可能（存在）”的之间可能具有的因果关系进行分析，即把它们看作语句。[②] 两个语句之间的关系要么是逻辑的，要么是解释的。如果是逻辑的，根据休谟的表述，即从“可设想的”推出“可能的”，它们之间的逻辑关系是蕴涵。但是戴维森认为因果关系不能被理解为逻辑蕴涵关系，因为逻辑蕴涵关系有这样的性质：从“p 蕴涵 q”可以推出“非 q 蕴涵非 p”，而因果关系却不具有这样的性质，因为不能从原因蕴涵结果，而得出不发生结果的事件蕴涵不发生原因的事件。基于此，将原因语句理解为对结果语句的一种解释是合理的，也就是说，“可设想的”作为原因能够对“存在”进行可能性的解释，这样一来，休谟的结论就是错误的。戴维森从语句分析的角度对休谟的观点进行了分析和批评之后，又将它们与“行为描述”结合起来，继续对其因果关系理论进行研究。因为一个事件发生的原因相当于一个行为发生的理由，于是戴维森将发现原因的过程称为“合理”化的过程，即寻找使结果合理化的原因，并将它作为解释因果关系的方式，从而形成了他关于因果关系的行为理论。

二、现代逻辑哲学理论对“休谟问题”的回答

另一方面，19 世纪中叶以后，逻辑学家逐渐开始利用概率论来研究归纳推

① 但昭明. 因果关系的存在论转向——从休谟到怀特海 [J]. 自然辩证法研究，2007（10）：1-4.

②Davidson Donald. Causal relation[M]. Oxford：Oxford University Press，1967：153.

理，于是因果关系理论从休谟、康德的“因果必然性”研究开始转向对概率因果关系的研究，也就是说，在因果问题中引入“概率”这一数学元素，并对由此形成的理论不断地进行深入研究。这也可以看作是因果关系理论研究的一次“技术转向”。

詹姆斯•贝努利明确陈述了“不充足理由原则”，它是指：对某一条件下某些随机事件，如果我们没有足够的理由认为其中的某些比别的更有可能发生，那么就应该认为它们具有相等的概率。随后，贝努利根据这一原则，又提出了“极限定理及其逆命题”，揭示了概率与频率之间所具有的密切的因果关系。而托玛斯•贝叶斯则提出了“逆概定理”，它被看成是提供了在一定条件下考察结果究竟是诸多可能原因中的哪一个所引起的概率工具。① 从此，概率论的研究便与归纳逻辑、因果关系的研究合流了。

阿瑟•勃克斯在其著作《机遇、因果和推理》中用大量篇幅讨论了实用归纳理论，而且研究了因果必然性和归纳概率的关系。在他看来，因果必然性是自然律、因果律、因果虚拟句的本质特性，因此，对归纳法的完备解释就必须说明因果陈述句怎样被证实，归纳概率在这个证实过程中起什么作用。由于实际使用的归纳推理的规则构成标准归纳逻辑，因此归纳概率由标准归纳逻辑确定，而因果必然性规律的先验概率也应如此。实际上，勃克斯是用标准归纳逻辑的因果模型来测定因果必然性规律的。一方面，勃克斯对因果关系作了归纳概率的证明；另一方面，他还创造性地提出了“因果蕴涵”“因果必然”“因果可能”的概念，并将因果关系运用到模态逻辑中的可能世界语义学理论，形成了“因果可能世界”，进而构建了因果陈述逻辑。②

勃克斯的“因果可能世界”是以大卫•刘易斯提出的“可能世界”理论为基础的。除了对可能世界语义学理论所作出的开创性贡献之外，刘易斯还通过对反事实条件句的分析，形成了他的因果关系理论。休谟的理论对因果关系所采取的态度是怀疑的，他还定义了反事实条件句，但却没有对此进行任何研究。

---

① 邓生庆，任晓明 . 归纳逻辑百年历程 [M]. 北京：中央编译出版社，2006：75.

②Arthur W Burks. Chance，Cause，Reason[M]. Chicago：The University of Chicago Press，1977：341.

真正地将反事实条件句与因果关系相结合进行分析的人是刘易斯。在刘易斯的因果关系理论还没有出现之前，居于统治地位的是齐一性理论对因果关系的定义，它把因果关系看作是某种规则下的一种情况，即：在给定的规则下，a 是 b 的一个原因，当且仅当，a 是属于一个能够满足 b 发生的最小条件集。[①] 这个定义的最大问题是它面临着许多难以处理的反例。按照这个定义，a 是 b 的原因要满足 a 是属于一个能够满足 b 发生的最小条件集，但是满足这个条件并不能保证 a 是 b 的真正原因，因为还会有潜在的其他原因出现。比如，a 与 b 都是某个一般原因 c 的结果，并且只要 c 出现，a 和 b 就会出现，这时，a 是属于满足 b 发生的最小条件集，但却不是 b 出现的真正原因，b 的真正原因是 c，而刘易斯的因果关系理论则较好地处理了这一问题，关键就在于他坚持对原因具有依赖性和非返回的反事实条件句。也就是说，原因可以推出结果，但是结果不能推出原因，这样的反事实条件句是满足时间的非对称性的。在刘易斯的理论中，较早发生的事件与后发事件之间并不是原因性的依赖关系，比如当 a 与 b 是某个原因 c 的结果时，即便 a 是属于一个能够满足 b 发生的最小条件集，但如果 a 是在 b 之后发生的，那么 b 与 a 之间就没有对原因的依赖关系，根本原因就在于刘易斯的反事实条件句“如果 a 不发生，那么 b 也一样发生”。[②] 即现在的情况是，a 发生了，b 也发生了，但 a 不是 b 的原因，二者没有因果关系。对于这种潜在的原因状况，就可以用刘易斯的反事实条件句来处理。刘易斯运用反事实条件句解释因果关系，其解释力比之前的理论更强；这种解释方法清晰、明确，具有很强的说服力，为解决因果关系问题提供了一种新的途径，成为解决因果问题的重要理论之一。

随着不充足理由原则的出现和概率性因果关系研究的不断深入，到了现代，不确定性推理和贝叶斯网络理论开始流行起来，并得到了广泛的应用。贝叶斯网络（又称概率网、因果网）作为一种重要的概率模型，是由霍华德（R.Howard）和麦特森（J.Mateson）于 1981 年提出来的，主要用于表述不确定的专家知识。后来经过佩拉尔（J.Peral）等人的研究，贝叶斯网络理论及算法有

① 季方舟 . 大卫 • 刘易斯的反事实条件句理论 [D]. 上海：华东师范大学，2009：24.

② Lewis David . Counter factual [M]. Oxford：Basil Blackwell Ltd.，1973：49.

了很大的发展。贝叶斯网络是用来表示变量集合连接概率的图形模型，它提供了一种表示因果信息的方法，即将知识直觉地进行图解，并且使用概率理论来处理知识的不确定性，是一种新的知识表示模型和推理方法。[①] 作为一种重要的概率模型，贝叶斯网络已经成为人工智能中非精确知识表达与推理领域近十几年来研究的热点，并在工业控制、交通管理、医疗诊断等领域的许多智能化系统中得到了重要的应用。

贝叶斯网络的推理实际上是将因果与概率进行组合之后而进行的计算。具体而言，它是在给定一个贝叶斯网络模型的情况下，根据已知条件，利用贝叶斯概率中条件概率的计算方法，计算出所感兴趣的查询节点（query node）发生的概率。在贝叶斯的网络推理中，主要有两种推理方式：第一，因果推理，也称为由顶向下的推理。这一推理的目的是由原因推导出结果，即根据一定的原因，运用贝叶斯网络的推理计算，求出在该原因发生的情况下结果发生的概率。第二，诊断推理，也称为由底向上的推理。它的目的是通过结果寻找引起该结果发生的原因，即已知发生了某些结果，根据贝叶斯网络推理，计算出产生该结果的原因及其发生的概率。[②] 由此可以看出，贝叶斯网络理论其实就是因果与概率的一种新颖组合，因果关系与概率理论构成了贝叶斯网络推理的基本框架，它的推理形式离不开原因与结果之间的推导关系；在它的应用研究中，也经常需要搜索网络中某些节点之间的因果路径。因此，贝叶斯网络也可以被看成是一个因果图，通过计算节点发生的概率，来确定它们之间是否存在或者存在怎样的因果关系。 而贝叶斯网络理论的广泛应用也正是因果关系及因果推理与现代技术相结合的产物。

通过上述分析不难看出，对因果关系的考察从休谟至今，一直是哲学界长盛不衰的话题。从这个意义上说，对因果关系问题的研究也折射出了西方哲学发展的道路。

---

① 徐欣，李德玉．贝叶斯网络中因果链搜索算法及其应用研究 [J]. 计算机科学，2008（4）：154-156.

② 黄建明，方娇莉，赵波．贝叶斯网络推理的研究与分析 [J]. 电脑知识与技术（学术交流），2007（15）：834-835.

第二节　中国哲学界对因果关系问题的探讨

中国古代哲学作为世界哲学的三大渊源之一，有其独特的风貌，其中一个很明显的特征就是有关哲学思想的论述分散于其他论述之中，从而体现出世界和事物的整体性。因此，关于因果关系问题的思想，在中国古代哲学中也是零散地体现在各种著述之中的。另外，中国近现代哲学界对因果关系问题的研究，则是伴随着近代科学和西方哲学的传入（也即“西学东渐”）发展起来的。

一、古代哲学对因果关系问题的研究历程

《易经》是一部比较系统地反映我国古代的因果思想的典籍。“易”含有丰富的哲学内涵，它既是指日月周而复始，有秩序，有规律可循，也是指阴阳相生， 催生万物，变化无穷。它用由“阳爻 ”和“阴爻”（也称“阴阳两仪”）组成的卦象来说明、预言世间万物的存在变化及其规律。

而“阴阳两仪”又是由“太极”衍生出来的：“易有太极，是生两仪，两仪生四象，四象生八卦。”（《易·系辞》）据此，“太极”才是万物化生的本原和宇宙的元始，也就是说，“太极”是天地未开、混沌未分阴阳之前的状态，它所指的是整个宇宙最原初的形态。因此，严复说道：“《周易》八卦，皆常住因之代表也。作《易》者以万化皆从此出，则杂糅错综之以观其变。故《易》者因果之书也。虽然，因而至于八，虽常住，乃非其最初。必精以云，是真常住者惟太极而已。”[①] 严复的论述表明，《易经》实际上也是一部有关因果决定论的著述：它通过运用“爻”“卦”和“太极”来表征世间万物的起源以及它们之间的因果演变关系，并且进行了系统的阐述。《易经》运用对立统一的世界观，揭示了宇宙间事物发展、变化的自然规律，内容十分丰富。而贯穿这些内容的主线，则是万物皆有因以及事物有不同层次原因的朴素因果思想。

在中国古代的诸子百家中，墨家对因果关系问题的研究具有较突出的贡献。墨家的创始人墨子是我国古代杰出的科学家、逻辑学家和哲学家，他十分重视“明故”，即探寻事物发生发展的原因。墨家批判地总结了春秋以来的逻辑思想，创立了墨辩逻辑学，写出了中国古代第一部逻辑学专著——《墨经》。在这部著

① 严复 . 穆勒名学 [M]. 北京：商务印书馆，1931：300.

作中，因果思想蕴涵于逻辑思想之中，并且得到了充分的体现。主要表现在：

《墨经》中对“故”的研究是诠释因果关系的直接表现。作为《墨经》的开篇文章，《经上》就对“故”下了明确的定义：“故，所得而后成也。”在这里，“故”的含义是事物的缘故，即事物形成的原因，因此这句话的意思是“原因，就是得到它，其后才会产生某一结果”；也就是说，有原因才会有结果，结果的出现是以先前的原因为发生前提的。这句话揭示的是客观事物之间先有原因后有结果的因果关系。比如，《墨子•公孟》篇：“今我问曰：‘何故为室’？”意思就是修建房屋的原因是什么。墨子常提及“故”，总爱询问“为什么”，可见他十分重视事物形成的原因以及由原因会产生什么样的结果这种因果关系。除此之外，《墨经》还区分了“大故”和“小故”。《经上》中说：“大故，有之必然，无之必不然，若见之成见也。”这句经文的直接含义是说“大故”出现，必然会有相对应的结果出现；“大故”不出现，与之相对应的结果也必然不出现。实际上，这里的“大故”就是逻辑学中假言命题的充分必要条件，即它是产生结果的完全原因，或者所有原因。而《经上》中对“小故”的含义是这样界定的：“小故，有之不必然，无之必不然。”它的意思是：“小故”出现，与之相对应的结果并不必然出现，可能出现也可能不出现；而“小故”不出现，其结果则必然也不出现。很明显，“小故”是假言命题的必要条件，是产生结果的部分原因，而不是全部原因。可见，《墨经》中对形成结果的“大故”和“小故”进行了严格的区分，也就是将充分必要条件和必要条件进行了界定；它将逻辑与因果思想通过这一划分联系了起来，有助于对因果关系的理解。

总之，中国古代哲学对因果问题还是有相当的认识和研究水平的。如果说《易经》中体现的朴素的因果关系是我国古代因果思想的雏形，那么《墨经》中的因果关系思想及理论则代表了中国古代哲学中因果思想的特点及风格。《墨经》不仅是墨家对我国逻辑学的重要贡献，也是对我国古代哲学中关于因果问题及其思考的重要理论著作。

二、近现代中国哲学对因果关系理论的研究

从我国近现代的哲学发展来看，对因果关系问题的研究当首推哲学家金岳霖。休谟的影响，特别是休谟关于因果理论的论述，使金岳霖认识到要想解决

科学的可靠性问题，必须为它在哲学层面上找到一个根据，即必须解决休谟难题。于是1928年他在《哲学评论》第2卷第1期上发表了《休谟知识论的批评》一文；1940年出版了《论道》一书；1943年在《哲学评论》第8卷第2期上发表了《归纳原则与将来》一文。在这些论文和著作中，金岳霖对休谟问题以及与此相关的许多问题作了深入的探讨，比较系统地阐述了他本人的认识论思想。

金岳霖认为休谟在分析因果关系时，将客观的必然性去除，以心理习惯上的“必”取代客观上的“必”是不彻底的，也是有问题的。为了保证因与果之间的客观必然联系，他提出了“理有固然，势无必至”这一命题。这里“理”是指“共相的关联”，“势”则是指“殊相的生灭”，二者是哲学中的一对范畴；如果因和果之间有客观的必然联系，便只能在这不变的“理”上求得。① 按照金岳霖的观点，所谓“固然”是指普遍有效，不可能有例外。但是，他同时又指出：“表示固然的理的命题不是逻辑命题，它是普遍的真的命题或自然律而已。……遵守固然的理的命题的只是事实，遵守必然的理的命题任何情形都行。凡可以思议的，都遵守必然的理。”② 在这里，金岳霖区分了“固然”和“必然”，即“固然”的理是表示事实的命题而非逻辑命题，它是普遍有效的，表示因果关系的正是这样的命题，它反映客观世界中事物之间的联系，因此是“理有固然”；而“必然的理”是逻辑命题，是先天的、与客观世界毫无联系的必然命题，即不可能为假的逻辑命题，因果关系命题便不是此类命题。需要注意的是，尽管“理有固然”，金岳霖仍提出“势无必至”，即每一个具体的因果关系的实现还受到其他因素的制约。当原因出现时，结果不一定必然出现。可见，金岳霖运用“理”和“势”、“殊相”和“共相”两对哲学范畴从哲学的角度对因果关系的可靠性进行了论述，充分反映出中国传统哲学对解决因果问题所起的积极作用。金岳霖利用因果联系的普遍必然性和特殊性，从哲学的角度为归纳的合理性进行了辩护，具有重要的理论意义。

和金岳霖同处一个时代的另外一位哲学家冯友兰，则运用西方的逻辑分析

① 翁正石．金岳霖有关因果关系分析的检讨 [C]. 第三次金岳霖学术思想研讨会论文集，2005.

② 金岳霖．知识论 [M]. 北京：商务印书馆，1983：680.

方法来研究宋明理学，这种将逻辑与理学的结合实际上是中西哲学的一种融通。冯友兰通过对理学的新的诠释，建立了他的新理学哲学体系。他提出："在新理学的形而上学系统中，有四个主要的观念，就是理、气、道体、大全。"[①] 其中，理和气是核心范畴，具有奠基其哲学大厦的地位。新理学的形而上学系统是关于理的命题，他在《新原道》的第十章中说："凡事物必都是什么事物，即是什么事物必都是某种事物。有某种事物必有某种事物之所以为某种事物者。借用中国哲学家的话说'有物必有则'"。[②] 这一"有物必有则"就是新理学系统中"理"的含义。理是理世界的核心元素，理或者共相就是"某种事物之所以为某种事物者"。也就是说"理"是事物的依照，而"气"则是事物的依据，二者缺一不可。我们不难发现，冯友兰对"理"和"气"的解释，实际上是以因果关系理论为基础的。也就是说，"理"是使事物存在的根本的、内在的、抽象的原因，"气"则是外在的、客观的原因。"有物必有则"以及"能存在的事物必都有以能存在者"中的"则"和"以能存在者"就是事物能够存在的原因，而"事物"本身则是"理"和"气"产生的结果。正是由于它们之间存在着这样的因果关系，"理"和"气"才得以成为冯友兰新理学体系的两条主线。因而，尽管冯友兰并没有对因果关系理论进行直接研究，但是通过上述的分析可以看出，"原因"和"结果"在其新理学哲学体系中起着"隐形"的指挥作用，扮演着重要的角色。

从上可以看出，作为一代哲学大师，金岳霖和冯友兰从中国传统哲学的角度对因果关系的内涵进行了诠释，从而形成了各自的理论体系。他们对因果关系理论的阐述是从因果关系所具有的客观必然性角度出发的，这无疑是正确的，是对人类认识发展的一定阶段的总结。

20 世纪科学革命震撼了整个时代的认知结构，它对这个时代的哲学也产生了重大的影响。尤其是量子力学的创立，科学研究的重心转入微观领域，使传统的因果决定论面临了巨大的挑战。科学家和哲学家们不得不重新思考：科学规律在本质上是因果性的，还是概率性的？因果性是必然的，还是偶然的？从表面上看，它引发的是物理学中理论解释的一场论战，但是从更深层的意义上

① 冯友兰 . 新原道 [M]. 北京：生活 • 读书 • 新知三联书店，2007： 156.

② 冯友兰 . 新原道 [M]. 北京：生活 • 读书 • 新知三联书店，2007： 157 .

讲，它也是哲学的观念变革中的一场论争。20 世纪中国哲学界对因果关系问题的研究，很多都是围绕着这一论题展开的。

洪谦于 1934 年撰写的论文《现代物理学中的因果性问题》，运用物理学的最新发展成果，从哲学的角度探讨了因果问题。论文中阐明了“因果性的本质”“因果性与量子力学”“因果秩序和时间秩序”等基本问题。这篇论文批判了康德的先验因果观以及约定论的因果观，并指出决定论的因果律在量子力学中是失效的，但是这种失效并不意味着因果律在原则上的不可能。洪谦在论文中进一步探讨了统计规律和所谓的“概率律”以及必然性和偶然性的范畴，并指出：“在自然中绝不存在两类规律性，而只是存在两种分布，即因果分布与或然分布。虽然对自然界中同样的事实有两种描述，但只有前者能说明‘知识’。”[①] 这说明存在于自然界中的因果律是必然性的规律，而非或然性的规律；必然性和或然性作为自然界事物的不同特征，只有必然性是可靠的，是我们能够运用它来进行推理、论证的有效工具。这就是因果律的优越性以及在决定事物之间关系时所体现出的地位和作用。

与洪谦强调的“因果律是必然性规律，非或然性规律”观点不同，吴琼在《因果关系新论》一文中提出了因果关系的三种表现形式：决定论的因果关系、统计决定论的因果关系以及或然性的因果关系。文章指出，决定论和统计决定论的因果关系形式仅仅在一定的深度和广度上反映了因果关系的内在本质，并没有全面地体现因果关系的辩证性质。量子力学所揭示的微观领域的新规律，反映出一种新的因果联系形式，即或然决定论的因果关系。与前两种形式不同，或然决定论以概率的形式表现出基本粒子运动的因果关系。它并不否定客观世界所存在的因果关系，相反为丰富已有的因果观提供了科学依据。[②]“或然决定论”因果关系形式的提出，冲破了机械决定论因果观的藩篱，为因果关系提供了一种新的表现形式。这种观点实际上与逻辑经验主义者提出的“概率因果观”是十分类似的。逻辑经验主义者抓住休谟因果观的结论之一，即关于因果关系的或然性的观点，同时利用量子力学的成果，在哲学上提出了一种新形式的因

① Hung Tscha. Das Kausalproblem in der heutigen Physik（Dissertation）[D]. Vienna：University of Vienna，1934：58.

② 吴琼 . 因果关系新论 [J]. 内蒙古社会科学（文史哲版），1989（4）：14-19.

果理论——概率因果观。还有学者对20世纪物理学革命引发的观念变革总结说，从20世纪20年代起，科学家、哲学家对因果问题、认识论和本体论问题展开了一场旷日持久的争鸣。这场长达40余年的论战最后存留在人们心中的，似乎是一个“掷骰子的上帝”。[①] 也就是说，自然界的样态本来就是偶然的、概率性的、非决定论的。因果之间并不存在着刚性的联系和笔直的通道，被人们推崇的必然性是由无数偶然性所汇成的。既然事物的发展变异方向是从大量偶然性中剥取出来的必然性，那么人的选择、开创和主观能动性便对事物的发展方向和未来状态具有决定性的作用。

这一时期，除了上述论文外，学界还出现了不少关于因果性研究的专著，陈克艰的《上帝怎样掷骰子——因果性、概率与归纳》便是其中的代表。它分别从因果与概率、凯恩斯的归纳与概率理论、卡尔纳普的归纳逻辑、概率的归纳支持等方面论述了因果性、概率与归纳的关系。这本书整体贯穿着这样一种思想：上帝是掷骰子的，即因果必然性并不是万能的，至少在量子力学领域中它无法占据统治地位，反倒是概率观点成了整理和解释观测事实的唯一可能的观点，成了与因果观点不相容的第一性的基本范畴。归纳逻辑在人类的思维及认知进程中是不可或缺的推理形式，但是要与概率相结合，在概率的框架内解决归纳问题。作者将因果、概率与归纳结合起来进行论证，把因果问题寓于概率与归纳问题之中，从量子力学的哲学问题出发，一步步地达到了对归纳逻辑进行分析的目的。同时，对凯恩斯、卡尔纳普以及科恩的概率归纳逻辑思想进行了深入的讨论。与探讨因果关系是否具有必然性这类问题不同，肯定因果性是必然的，同时运用这种哲学观点去解决实践中的问题也成为这一时期讨论的热点。张绍谦的《刑法因果关系论》就是运用哲学中因果关系的性质来解决司法实践中涉及刑法的各种问题的著作。作者打破了传统哲学对“必然性”和“偶然性”的看法，重新对这些概念进行了定义，创立了一套新的刑法因果关系理论体系。他引入了概率理论，把可能性界定为“客观事物内部蕴藏着的这样或那样的发展趋势”，在可能性之下又划分出绝然性、必然性、或然性、偶然性四种发展趋势。[②] 比如他认为绝然性是概率为100%的发展趋势，必然性是概率接近

① 丁长青．二十世纪因果关系上的科学观念变革 [J]. 云南社会科学，1988（2）：50-55.

② 张绍谦．刑法因果关系论 [M]. 北京：中国检察出版社，1998：95.

1但仍小于1的发展趋势，等等。以此为基础，作者把刑法上的因果关系也分为相对应的四种，并进行了详细的解释。这种研究方法不仅为哲学理论注入了新的活力，也为刑法的研究提供了一个新的思路。

三、中西哲学对因果关系理论研究的启示

对因果关系的研究反映了一个时代的知识变迁以及哲学发展的不竭动力。通过对因果关系理论在西方哲学、中国古代和近现代哲学中的发展、演变的历程之回顾，我们看到，因果关系问题不仅仅是诸如“A是B的原因，B是A的结果”这类对原因和结果之间的辩证关系的探讨，更是对认识论意义上的一个深层次哲学问题的挖掘。从源头看，中西方哲学确有不同的路径与方法。在西方，一个很重要的线索是，很多哲学家都以分析的精神为研究理念。从早期对“因果关系为什么具有必然性”这一问题所引发的争论起，到近代对因果关系的语言、逻辑分析，再到现代将因果关系与各种技术手段相结合，其特点是注重分析性和技术性，即对因果关系的研究实现了从思辨的、抽象的理论研究到技术性、应用性研究的过渡和转化。而在此过程中，因果关系理论的多方面价值都得到了体现。从一定意义上说，西方哲学界对因果关系的研究过程也体现了分析哲学从传统到现代的发展过程。如果说，西方哲学界的这一研究进路是“由点到面”，是从抽象到具体的逐步演变的话，那么，中国哲学家对因果关系的研究则经历了一个“由点到点”的过程。近代以后，随着西学东渐，中国哲学界也逐步接受了分析哲学的技术手段，并表现出两个值得注意的也是值得进一步发扬的特点：渗透着中国传统哲学的思想和精髓（这特别表现在金岳霖身上），努力追随科学发展提出的新问题。

中西方的研究者在不同时期形成的因果关系理论，为我们对因果关系的研究提供了丰富的理论来源。我们更应看到，随着现代科学的发展和进步，作为认识结晶的哲学也必然会受到影响，人们的哲学观念也会随之发生变化。诸如非决定论因果关系、概率因果观这类认为因果关系具有或然性、概率性、偶然性的哲学观点，都是人们在实践中对自然规律探索的产物。只要人类不停止理论思维，对因果关系的探究便不会终结。

随着人们对因果关系认识的深化，因果理论的认知功能将会得到进一步的

开发，在实践上的应用也会越来越广泛。现代哲学对因果关系理论的研究，已更多地侧重于因果关系的认知功能，充分发挥其在预见性方面的作用。随着时代的发展和社会的进步，新知识、新事物层出不穷，因果关系所具有的认知功能及其所具有的探索性和对未来事物的预测功能，必将发挥越来越大的作用，而这也是它实现技术应用的基础。

在今天，因果关系理论对创新的价值越来越显著。因果关系是一种理解和预测事物变化发展的基本法则，更是人们进入未知世界的重要途径，因此，探寻因果关系是作出创新的必要条件。正如爱因斯坦所说："在近代，西方科学的发展是以两个伟大的成就为基础的，那就是希腊哲学家发明的形式逻辑体系以及通过系统的实验发明有可能找出因果关系。"① 创新活动的指向是未知领域，它的目标是一个新的科学发现或技术发明，或者是它们在经济、社会、文化活动中新的应用。所以，探求事物之间的因果联系，根据已知事物探寻未知世界的规律、规则，就成为进行创新的一个重要内容。这些创新实践又反过来为我们从现代哲学的角度进行因果关系研究注入了新的元素，提供了新的问题和研究素材。

① 爱因斯坦 . 爱因斯坦文集 [M]. 许良英，范岱年，译 . 北京：商务印书馆，1976：95.

第四章 归纳逻辑由古典向现代演进的认知转向

世界上任何一种科学，都是从归纳逻辑出发，提出假设，形成所谓的“典范”或“理论”，进行演绎逻辑推理，产生预测，然后进行验证，从此各种不同科学才开始分道扬镳。而现代归纳逻辑更具有这样的科学认知功能。所谓归纳逻辑，也就是关于或然性推理的逻辑，而或然性推理就是当其前提真时，其结论很可能真，但不必然真。现代归纳逻辑的显著特点就是对或然性推理加以系统化和定量化。20 世纪二三十年代以后，随着数学概率论趋于成熟，概率归纳逻辑得以产生和发展，形成所谓的经典的（也就是帕斯卡）概率归纳逻辑。概率归纳逻辑是应用概率论来系统地研究和表述或然性推理的。因此，从古典归纳逻辑向现代归纳逻辑的演进，本质上也是人类认知水平的提高和飞跃。

第一节 面向定性认知的古典归纳逻辑

在认知价值的引导和认知科学方法论的昭示下，归纳逻辑已经完成了从面向定性认知和定量认知到面向不足认知和复杂认知的转型。但是，认知价值始终是归纳逻辑不变的取向。古典归纳逻辑中的诸多逻辑方法以推进人们的认知为己任，而现代归纳逻辑更是一开始就直接期望建立满足定量认知需要的完善体系。面向不足认知和复杂认知的归纳逻辑研究，不仅是人类认知需要的深入拓展，更是归纳逻辑必然的发展方向。逻辑学不仅在认知召唤下走得更远，而且对于归纳逻辑而言，进一步发展的动力和方向都可能是认知。

一、两种归纳法认知价值的共性

归纳逻辑是以归纳推理和归纳方法为基本内容的知识体系。归纳推理的前提是一些关于个别事物或现象的判断，而结论是关于该类事物或现象的普遍性的判断。归纳推理的结论超出了前提所断定的范围，因此，从认知方法论的角度看，归纳推理比演绎推理更具有认知趋向与价值。

归纳逻辑由于其结论超越了前提范围，不仅能帮助人们拓宽自己的认知领域，还能对科学假说的合理性进行预测，在知识创新方面具有巨大的优越性。古典归纳逻辑方法主要包括完全归纳法、简单枚举归纳法、排除归纳法、类比推理方法和科学归纳法等。简单枚举能使创新大众化，科学归纳体现了科学研究的主要任务，排除归纳提供了逻辑可行方法，类比推理推动了科学假说的创立。培根（F. Bacon）在《新工具论》中提出并全面、详细地阐明了他的新逻辑方法，即归纳法，并把他关于这种方法的论述称为“新工具”，以示有别于亚里士多德以演绎逻辑为主的《工具篇》。《新工具论》不仅奠定了近代归纳逻辑的基础，而且明确指出了归纳法的科学认知作用与价值，强调要获得真理就必须使用“三表法”等归纳逻辑的方法。

二、两种归纳法认知价值的差异性

如前所述，完全归纳法的基础是完全归纳推理。完全归纳推理在前提中考察的是某类事物的全部对象，结论是对全部对象作出的判断，结论所断定的范围并未超出前提所断定的范围，因此完全归纳推理是一种必然性推理。正因为完全归纳的这种必然性，有人把它划归为演绎推理之中。但从科学认知的角度来看，完全归纳与演绎推理其实并不等同。从认知的条件、认知过程和目的都可以表现出来（前面有详细阐释，这里不再赘述）。

简单枚举归纳方法是根据某类对象的部分具有或不具有某种属性，且没有发现反例，从而推出该类对象的全部都具有或不具有某种属性的推理方法。虽然简单枚举归纳方法简单，但就科学认知与知识创新来说，其功能却是非常强大的，分别从体现科学认知特性，为认知科学提供方向等方面表现出来。简单枚举归纳依靠的是观察，结论依赖于观察例证的数量、分布范围和有没有反例，只要有一个反例，全称结论就被推翻。在实际的科学认知活动中，这其实是一种非常不经济的方法，不仅浪费人力物力，有时候还会丧失大好机遇。

与简单枚举归纳相比，科学归纳似乎没有多少创新之处。就逻辑形式而言，只是增加了前提所列对象同某属性之间的必然联系。但正是这种增加，使得这种归纳推理被冠以“科学”之名，在科学理论创新中有着突出的地位。

排除归纳方法也就是探求因果联系的归纳方法，它是根据因果关系的某些特点，把某些明显不是被研究现象的原因的先行情况排除掉，而在其余的先行情况与被研究现象之间确立因果关系。该方法由培根首先提出，后经穆勒系统总结为求同法、求异法、求同求异并用法、共变法和剩余法。排除归纳对于探求科学事物之间的因果联系，进而对科学现象作出因果可能性的推断，提供了一套逻辑上行之有效的方法。排除归纳法符合科学探究活动的特征，具有方法论的启迪意义。与近代科学实际相适应，排除归纳法在科学发现中主要起到发现经验定律的重要作用。

类比推理方法是根据两个或两类事物在一系列属性上相似，从而推出它们在另一个或一些属性上也相似的推理方法。类比推理是科学研究中经常使用的方法。与演绎推理和简单枚举归纳相比较，演绎推理的结论局限于前提的范围，简单枚举则局限于同类事物的概括，而类比推理由于能把任意的对象放在一起进行比较和推论，因此它不但可使不同种类事物的知识相互移植和推广，而且具有触类旁通、举一反三的特殊功能，从而成为思维呈现创新的一种契机。

从以上论述来看，古典归纳逻辑所能完成的推理，更擅长于性质的判断与断定，因此，可以说，古典归纳逻辑更是定性推论的逻辑。由于这样的特点，现代归纳逻辑就力求以定量为目标。

第二节　面向定量认知的现代归纳逻辑

现代归纳逻辑的显著特点是对或然性推理加以系统化和定量化。现代归纳逻辑主要包括帕斯卡概率逻辑、非帕斯卡概率逻辑、因果陈述逻辑等。

一、帕斯卡概率逻辑的认知特点

帕斯卡概率逻辑的核心概念是“概率”，通过对这一概念的不同的解释，体现了不同逻辑学家关于归纳逻辑对知识获得与科学创新的不同价值取向和不同方法认同。就比较通行的三种“概率”定义论而言，其科学认知的价值分别表现为：

第一，对于频率论而言，“概率”就是某事件在无穷次试验的序列中相对频率的极限。[①] 由此，以赖欣巴哈（H. Reichenbach）为代表的频率论认为，只要极限概率 P（A，B）存在，总可以通过认定—修改—认定的试验过程机械能行地从相对频率把极限频率提炼出来。由于这种强调“概率”的客观性和过程性，将概率与科学实验相联系，断定客观世界存在概率和统计规律，所以，频率论的归纳逻辑无疑给出了一种科学探求和科学认知的研究范式，这样的研究范式特别适用于经验自然科学领域，可以作为经验自然科学中科学认知的重要工具之一。

第二，对于主观论而言，“概率”就是某个主体 X 对于事件发生，或命题 P 为真，或假说 H 被确证的实际相信程度。[②] 根据“主观说”论者的观点，对于同一事件或命题，主体可以自由地选择自己的置信度，可以选择从 0 到 1 的任何置信度，不过主体对相关命题的置信度集合应当是一致的或收敛的。这种将“概率”理解为人类的认知程度，不仅从一个角度揭示了科学认知依赖客观认知主体的科学事实和哲学意义，而且给人们进行科学认知提供了这样一个研究模式—— 认知要考虑主体的先验，同时这样的先验也是有趋向的或向某个程度发展的。事实上，这种观点的概率逻辑与现当代统计决策论紧密结合起来，因为这种概率的主观解释适用于在不确定情况下的决策活动，其典型情况是理想化的人或机器（例如计算机）的决策活动，而可以为科学发现和科学证实的机器实现提供科学认知工具。

第三，对于逻辑论而言，概率就是推理的前提与结论之间的一种逻辑关系——如果对前提 H 的知识使得我们对结论 A 有 a 的合理信念，那么我们就说 A 和 H 之间就有程度为 a 的概率。这样的归纳逻辑，第一次对命题间的概率关系进行了全面而系统的考察，对归纳法的又进一步的理解，这对于科学认知活动具有方法论导向。总之，帕斯卡概率逻辑不仅是对已知经验材料的检验，而且是对未来的科学知识的预测。

---

① 吴炳荣，王雨田 . 归纳逻辑与人工智能 [M]. 北京：中国纺织大学出版社，1995：5.

② 吴炳荣，王雨田 . 归纳逻辑与人工智能 [M]. 北京：中国纺织大学出版社，1995：75.

二、非帕斯卡概率逻辑的认知特点

非帕斯卡概率逻辑的主要代表是沙克尔（G. Shackle）和科恩（L. J. Cohen）等人。沙克尔和科恩等人的非帕斯卡概率逻辑，在知识认知与科学创新中的突出特点在于三个方面：第一，由于科学理论系统一般不具有完全性，因此，概率的否定原则应是非互补的，排中律在这里不能成立。第二，由于因果效应和证据事例是不可加的，因此归纳逻辑不仅要有定量测度，更需要排序的分级。第三，证据支持不仅有形式的方面，而且有内容的方面（即信息量方面），因此，概率应当是类似于凯恩斯证据“权重”（相关信息度）的东西。概率应当反映科学知识增长的局面，概率逻辑应当是科学认知的逻辑。

在非帕斯卡概率逻辑系统中，科恩的新培根主义概率逻辑最具代表性。科恩的新培根主义概率逻辑继承了培根的传统，他比任何现代归纳主义者都更清楚培根的优点。他抓住了培根传统归纳逻辑思想最核心的东西：归纳是根据证据而变化，并且形式或原理是逐级上升的。这可以理解为：知识来源于创新。科恩的归纳逻辑也主张：在特定研究领域中对假说的可靠性加以分级，即所谓相关变量方法；归纳（逻辑）是广义的模态（逻辑），这种逻辑把“可靠性等级”表示为通往规律的阶梯。在我国，非帕斯卡概率逻辑得到逻辑学家的高度重视。例如，鞠实儿对非帕斯卡概率理论进行了系统的研究。鞠实儿认为，沙克尔的潜在惊奇理论和基于这一理论的决策论不具有一致性，没有提出测量潜在惊奇度的方法。他在沙克尔已有工作的基础上构造了非帕斯卡概率的逻辑解释，提出了度量和计算不相信度的方法，及基于非帕斯卡概率逻辑解释的决策论。他指出科恩非帕斯卡概率逻辑形式公理系统的语义是不一致的，认为相关变量法是对假说似规律度的度量，不能用来刻画排除归纳法。[①]

科恩的归纳逻辑主要是归纳支持和非帕斯卡型归纳概率逻辑。一方面，它试图从实质上把握自然科学实验推理的特有方法，设法从逻辑上反映实验推理的经验灵活性；另一方面，它有十分广泛的应用范围。在归纳概率逻辑的所有不同派别中，科恩的归纳逻辑的特点在于最强调归纳逻辑的形式系统与自然科学的非形式原型之间的紧密联系，最强调科学的进步和知识的创新。科恩系统

① 何向东，吕进 . 归纳逻辑研究述评 [J]. 自然辩证法研究，2007（3）：31-34，44.

的核心是广义的模态逻辑，具体说，就是对刘易斯模态逻辑系统的推广。我国学者对科恩的归纳逻辑理论十分关注，诸多学者对此进行了深入思考。

刘壮虎指出了科恩归纳逻辑系统的两个局限：一是变量认知的局限，即科恩归纳理论的相关变量只具有直观理解没有被引用作为语义解读；二是句式认知的局限，即科恩系统所讨论的句式只限于具有相同相关变量，以相同次序检验的句子，这样无法对非实质相似的假说的归纳可靠性进行比较。为此，刘壮虎建立了一个归纳支持的逻辑系统 VIL，用相关变量和检验给出严格的语义，并且着重讨论归纳支持的可比较关系。陈晓平也指出了科恩理论的缺陷：一是科恩归纳支持理论中的否定原理严重违反直觉，二是科恩关于某一领域中相关变量表是唯一的且严格排序的假定有问题。由此，陈晓平把变量的相关看作人的一种信念，并吸收人工智能中信念修改逻辑的思想，在条件句逻辑的框架上建立起归纳支持的系统。他认为这个系统克服了科恩相关变量法严格排序的缺陷，实现了假说归纳支持推理非单调性的形式刻画，并且克服了科恩否定原理的缺陷。鞠实儿讨论了科恩理论的一致性问题，他分别从科恩的归纳支持分级系统和归纳概率分级系统中推导出析取原理，利用析取原理和否定原理分别证明了科恩归纳支持句法和归纳概率句法的不一致性。[①] 总的说来，科恩的归纳逻辑系统的最有特色之处是它十分注重归纳逻辑如何才能反映知识增长局面的问题。

任晓明进一步指出了非帕斯卡概率逻辑的知识认知与科学创新的意义和价值，[②] 集中表现在以下四个方面：首先，非帕斯卡概率逻辑十分注重形式系统与归纳推理的非形式原型之间的恰当相符性，强调科学的逻辑必须适应科学的实际，而不是让科学实际去迁就逻辑的形式系统，从而使这种逻辑更符合自然科学和社会科学的思维实际。借助这种逻辑，我们更有可能在知识认知与科学理论创新的过程中探索出更为有效的解决科学实际问题的方式。其次，非帕斯卡概率逻辑不仅研究逻辑形式，而且注重逻辑证据所包含的信息量或者权重之类的因素，强调科学的逻辑必须反映科学知识增长的整个局面，逻辑的句法必须适应这一需要。显然，这种逻辑是一种有利于推动知识增长的逻辑。再次，非帕斯卡概率逻辑的建立揭示了科学知识增长的途径，即可靠性等级逐步上升的途径。在科恩看

① 何向东，吕进 . 归纳逻辑研究述评 [J]. 自然辩证法研究，2007（3）：31-34，44.

② 任晓明 . 略论非帕斯卡概率逻辑的知识创新意义 [J]. 攀枝花大学学报，2002（1）：1-4.

来，科学不是追求逼真性，而是追求逼律性，即不断接近科学定律，而要不断逼近科学定律，就必须有可靠性等级阶梯的步步升高。这种不断逼近的过程就是科学理论创新的过程。最后，非帕斯卡概率逻辑的建立事实上给出了科学认知的一种异化范式。一种科学认知活动不会只有一种研究取向，正如“概率逻辑”所昭示的那样：科学知识的增长，不仅可以沿着帕斯卡概率逻辑的道路前进，也可以从非帕斯卡概率逻辑去实现。

因果陈述逻辑的创始人是美国当代哲学家、计算机理论家勃克斯（A. W. Burks）。因果陈述逻辑作为一种证明或检验的逻辑，在知识认知与科学理论创新的重要价值也是很突出的，集中表现在四个方面：其一，因果陈述逻辑对于解释或预见事实有重要意义。就如同假说演绎法所起的作用一样，因果陈述逻辑可以从理论命题推演出事实命题，或是解释已知的事实，或是预见未知的事实。这种推演的基本步骤是以一个或多个普遍陈述，如定律、定理、公理、假说等作为理论前提，再加上某些初始条件的陈述，逐步推导出一个描述事实的命题来。其二，因果陈述逻辑对于探求科学陈述之间的因果联系，进而对科学理论作出因果可能性的推断有着重要作用。勃克斯所创建的这种逻辑对科学理论创新的贡献在于：通过对科学推理的细致分析，发现经典逻辑的实质蕴涵、严格蕴涵都不适于用来刻画因果模态陈述的前后件关系。于是，他提出了一种“因果蕴涵”，进而建立一个公理系统，为科学理论中因果联系的探索奠定了逻辑上的基础。其三，因果陈述逻辑的核心概念是因果蕴涵。比较重要的逻辑推导关系是从逻辑蕴涵（即严格蕴涵）推导因果蕴涵，再从因果蕴涵推导出实质蕴涵。也就是说，我们可以从具有逻辑必然性的规律或理论陈述中推导出具有因果必然性的因果律陈述，进而推导出事实陈述。这种推导过程，不仅能解释已知的事实，而且能预见未知的事实。事实上，这种逻辑推演本身就是一种科学理论的创新。其四，因果陈述逻辑的语义解释奠基于可能世界语义学。而正是借助这种关于可能性的逻辑工具，才使得人类的知识得以扩充，科学理论的创新才成为可能。因果陈述逻辑将逻辑可能世界理论扩充到包括因果可能世界，就使得逻辑学的科学认知功能大大加强。因为，逻辑可能世界的理论在比较纯化的数学领域可以很好地应用，但在不那么纯化的自然科学领域，仅仅考虑逻辑可能世界就不够用了，还必须考虑与自然科学中的自然律、因果律密切相关的因果可能世界。因果陈述逻辑比狭义的模态逻辑在科学理论创新方面的作用更大，功能更强。

总之，不论是帕斯卡概率逻辑、非帕斯卡概率逻辑，还是因果陈述逻辑都有一个共同的特点，也就是在它们的推理中，结论断定的范围都超出了前提的范围，因此，它们都是放大的、不确定性的推理，正是因为这一点，就使得它们所推导出来的结论既是原有知识的扩充和深化，又是对未来理论的预测。所以，我们说，它们的理论创新功能比演绎逻辑强。[①] 同时，要增强逻辑的科学认知功能，必须实现四个转变：一是从单调性向非单调性转变。无论是卡尔纳普的帕斯卡概率逻辑，还是科恩的非帕斯卡概率逻辑都是单调性的。如果要增强逻辑的科学认知功能，就应该建构具有非单调性的逻辑。一种推理具有非单调性，当且仅当 A、B 和 C，若 $A \vdash B$，则不能保证 $A \cup B \vdash C$。也就是说，新信念、新证据的出现可能影响原结论 C 的真值。逻辑要能更恰当地反映知识的增长，就应该实现从单调性向非单调性的转变。二是从外延性向非外延性或内涵性转变、由外延逻辑向内涵逻辑转变。从本质上看，卡尔纳普的逻辑是外延逻辑，尽管科恩的逻辑把“信息量”考虑进来，但仍然没有摆脱外延逻辑的束缚。为了更好地反映逻辑的科学认知功能，我们不仅要考虑证据支持的形式，而且要研究一些非形式的因素。因此，要建构科学认知的逻辑，就必须实现从外延性向非外延性的转变、由外延逻辑向内涵逻辑的转变。三是从完全性向不完全性转变。我们知道，卡尔纳普的归纳逻辑假定了知识或理论的完全性，科恩的归纳逻辑则假定了知识系统或理论的不完全性，从这个意义讲，科恩的逻辑在科学认知功能方面比卡尔纳普的逻辑更强。由于科学理论处于动态发展之中，因而大多是不完全的。而这种理论的残缺性为科学认知提供了可能性和条件。因此，要构建具有更强大的科学认知功能的逻辑，我们的逻辑基础就必须实现从完全性向不完全性的转变。四是从技术向元理论转变。既往一切归纳逻辑的一个基本特征就是总是企求从技术上实现自己，没有能跳出自己所设定的框架，从而缺乏对“自己”以及对这种“企求”的哲学层次思考，也就是归纳逻辑缺少对自己进行元理论的建构，由此，不论是哲学逻辑，还是逻辑哲学，都很少把“归纳”或“归纳问题”作为主题来考虑，使得人们造成这样错觉：归纳逻

① 江天骥 . 归纳逻辑导论 [M]. 长沙：湖南人民出版社，1987：307.

辑不能从哲学的层面来指导科学认知。而哲学层面理论（主要表现为世界观、方法论）对于科学认知是至关重要的。如此，要提高归纳逻辑的科学认知功能或价值，就必须在归纳逻辑的研究范式上注重元理论或哲学思考的层面。只有这样，才能使归纳逻辑真正成为科学认知的必然逻辑。

第三节　现当代归纳逻辑面对的认知难题

人类认知活动由一个又一个的推理去完成，而推理就是从一个或几个前提性命题到一个或多个结论性命题的过程。如果结论性命题本来就包含在前提命题的范畴之内，那就是演绎推理；如果结论性命题超出了前提命题的范畴，那就是归纳推理。但不论如何，前提命题是推理完成的条件。在前提命题越充分、越多、越真实的条件下，推理产生的认知结果越具有说服力和科学性。归纳推理尤为如此。但现实的具体情况是，我们在进行归纳推理时，绝大多数情况是在有限的前提下进行不完全归纳推理，也就是说，我们不完全归纳推理是在不足条件下进行的推理。所谓的完全归纳推理由于受人们的认知水平和认知环境的影响，认知的前提条件也存在不充足的情况。

一、面向不足认知的现代归纳逻辑

就不足认知而言，比较于演绎逻辑，归纳逻辑有着自己的先天优势，在不足认知中将发挥越来越大的重要作用。

比较于人类过去的认知活动，当代人类的认知活动，复杂、多变，前提不确定、不可知，不能简单由一个又一个的推理去完成。事实上，人类在追求智慧的过程中，很多时候是在认知条件不充足的情况下进行的。有人提出了面向宇宙认知与黑洞认知的拓扑归纳逻辑：宇宙是自旋的，更是拓扑的。对于它的逻辑认知，只能是宇宙极问时代的终极关怀，就像我们人类对死亡的临终关怀一样。①

同样，我们对于黑洞自旋的逻辑性认知也是如此。20 世纪 40 年代，哥德尔

① 刘邦凡，何向东. 面向不足与复杂认知的当代归纳逻辑研究 [J]. 哲学动态，2012（1）：91-96.

利用爱因斯坦的相对论分析过黑洞的自旋，① 以后参与研究黑洞自旋的科学家也不少。一些科学家提出大型黑洞自转速度为光速的 45% 的假想，但 2010 年科学家研究认为，黑洞的自转速度为光速的 22%。② 到了 2013 年，科学家为了准确测定自转速度，通过分析 X 射线数据，计算出大多数黑洞的自转速度为光速的 86% 。③ 这就使得我们对黑洞自旋速度难以有准确的认识。在这样认知十分不清楚的条件下，我们需要什么样的逻辑呢？斯莫林（L. Smolin）提出“为工作着的宇宙学而存在的逻辑”,④ 这种逻辑称为拓扑斯理论。它是一种特殊逻辑，区别于我们的普通逻辑。普通逻辑是由直观的公设、公理，再到定理、推论组成的逻辑。拓扑斯逻辑，是为宇宙极问准备的逻辑。斯莫林说，作为一种数学表达形式，拓扑斯理论并不简单，它可能是他遇到过的最难的数学课题。为了研究宇宙学，我们需要另外一种形式逻辑，人们不能假定每个陈述非真即伪。我们现在无法分辨它是否正确，但是在未来我们或许能知道。例如在宇宙极问时代也许弦论、膜论、圈论、非对易几何、扭量理论、标度相对论、关系量子论、随机动力学、全息原理等大统一的最基本的一些理论，是多元一体。例如，弦膜圈说中的背景相关与背景独立，在宇宙极问时代可以归纳证明等价；弦膜圈说中宇宙非高斯性与高斯性猜想，在宇宙极问时代同样可以归纳证明等价；终极理论的有和无，在宇宙极问时代再次归纳证明等价。这有点类似盖莫夫（G. George）极问苹果的外部交接证明：盖莫夫在《从一到无穷大》的“把空间翻过来”中，⑤ 联系到数学上的两种著名的结构——墨比乌斯带和克莱因瓶结构，设想有个苹果，被黑、白两种虫子吃出了两条弯弯曲曲盘结又互不相通的隧道，它们只有走出表面才能相通。那么宇宙即使是苹果，我们能走出去吗？何况，宇宙很有可能是“点内无内，点外无外”，加上宇宙的自旋，我们能判定我们的

①K Gödel. Rotating universes in general relativity theory[J]. Proceedings of the International Congress of Mathematicians in Cambridge，1950（1）：175-181.

② 倪荫林 . 两个必然性辨异 [J]. 广西社会科学，2005（8）：21-23.

③ 常丽君 . 确定黑洞自旋速度有了新法 [N]. 科技日报，2013-08-13（002）.

④ 李 • 斯莫林 . 物理学的困惑 [M] . 李泳，译 . 长沙：湖南科学技术出版社，2008：75.

⑤ 乔治 • 伽莫夫，罗素 • 斯坦纳德 . 物理世界奇遇记 [M]. 吴伯泽，译 . 北京：科学出版社，2008：48.

出路在哪里，我们的认知走向何处吗？一切都是拓扑的，只有拓扑逻辑才能给予我们理解，才能给予我们新的思维。

我们的人类认知还有一个巨大的漏洞，也可以说是我们内心的“黑洞”，那就是我们自己的“智慧”本身。我们不仅对于我们人类的大脑机能与发展还知道非常少，而且对我们智慧本身的产生、形成与发展，也掌握得很不充分。对于我们人类所具有的智慧本身而言，那又是一个与宇宙一样还很不清楚的世界，对于人类智慧及其认知过程的把握，还是需要建立起拓扑斯逻辑似的逻辑。一个人的认知，不是某种离身的智慧“偶然而恰巧地”发生在人的身上，也就是说，对于人类认知而言，不存在离身的智慧。有人提出肉身逻辑（Logic in the Flesh）。不论是拓扑斯逻辑、拓扑斯逻辑似的逻辑，还是肉身逻辑，更需要归纳推理的加入。所以，基于不充足条件下的逻辑更可能是归纳逻辑，但又不同于我们现在常常应用的古典归纳逻辑与现代归纳逻辑，而是一种新型和新兴的逻辑。这样的归纳逻辑，在今后人类认知活动中，将占据越来越重要的地位。①

二、面向复杂认知的现代归纳逻辑

人类认知活动将复杂化和多元化，单一的逻辑无法完成人类思维的需要，归纳逻辑在人类复杂认知活动中必将提供重要的、不可或缺的思维模式，推进复杂认知的时效性和普适性。人类的认知活动所面临的条件与前提，从来就不是简单纯粹和线性单一的，都是在复杂条件下完成的，都是具有若干复杂的前提。尤其是在人类进入有组织的社会认知时代，人类的集体智慧的形成，需要面对非常复杂的社会条件和社会环境。在这样的情况下，社会认知更可能使用归纳逻辑。② 在社会认知中，演绎推理使用的推动力来自社会，而不是认知主体或认知个体自身。其原因主要有二：一是在个体语词认知中，特质形容词在人类知觉中占据了非常重要的地位。二是社会知识总是存在于具体的语义网络中。

① 刘邦凡，何向东．面向不足与复杂认知的当代归纳逻辑研究 [J]. 哲学动态，2012（1）：91-96.

② 刘邦凡，何向东．面向不足与复杂认知的当代归纳逻辑研究 [J]. 哲学动态，2012（1）：91-96.

在通过语义网络组织社会知识的过程中，特质形容词起着特殊作用。[1]

再诸如社会认知、宇宙认知之类的复杂认知，由于认知条件和认知前提的十分不充足，我们更多的时候需要使用归纳推理，更需要归纳逻辑。同时，我们还需要归纳逻辑的变革或及时创新。从过去数百年逻辑学在科学认知中的重要作用看，表明逻辑学的发展与变革不仅是自然的和社会的，不仅是传承的而且是随时变化的，没有永恒的逻辑，只有发展的逻辑。[2] 满足社会认知的需要的逻辑只能是与古典归纳逻辑、现代归纳逻辑都不相同的认知逻辑，而且是广义的认知逻辑。

事实上，目前的所有逻辑类型，都有一个鲜明的特征：面向认知。要不是一个逻辑走在认知的道路上，要不就是一个逻辑正在朝认知的道路转轨。逻辑的道路，就只有这两条大路可走，没有其他选择。因此，从这个角度看，当代逻辑都属于广义的认知逻辑。所谓广义认知逻辑就是指在复杂认知条件下，以追求认知为基本价值的逻辑学。它不仅包括哲学逻辑、人工智能逻辑、计算机逻辑、模糊逻辑等经典领域，这些领域属于已经走在认知的大路上，而且包括拓扑逻辑、网络逻辑、宇宙逻辑、社会逻辑等正寻找认知道路的领域，以及传统数理逻辑、形式逻辑等也在转型、转轨到认知道路的领域。

对于认知的条件与前提，总是处于动态中，动态认知也属于复杂认知情况之一。关于动态认知条件下的逻辑研究已经引起一些学者的关注，在我国已经有多位学者发表了数十篇论文，甚至著作。20 世纪 90 年代人们在深入研究认知逻辑的过程中，发现知识与信念在很多情况下不是静态的而是动态的。一般的认知逻辑对于动态条件下的知识与信念很难有恰当的逻辑刻画。荷兰逻辑学家范•本特姆（J. van Benthem）首先提出使用动态模态逻辑为信息变化提供模型，建议用动态算子来刻画事实的变化。[3] 目前的动态认知逻辑研究，不仅对信息发布诸多行为如公共宣告、半公开宣告和秘密告知等行为过程中的信息更新、信

① 杜卫，闫春平，孙晓敏 . 社会认知中归纳推论 - 演绎推论的不对称性现象 [J]. 心理科学进展，2009，17（5）：1075-1080.

② 刘邦凡，王磊 . 论逻辑的自然与自然的逻辑 [J]. 自然辩证法研究，2010（1）：12-16.

③ 刘奋荣，刘新文，余俊伟 . 逻辑之门：作者与译者的对话——范•本特姆教授访谈录 [J]. 哲学动态，2008（1）：53-61.

念修正，以及动态认知逻辑的结构模型、形式表达和形式系统构建，都进行了讨论，而且已经由基于演绎逻辑的平台开始转移到归纳逻辑的视角。例如，李小五试图建立一个能用带测度函数的可能世界语义学作为其语义理论的认知归纳逻辑的公理化系统。①

在不足认知的条件下或者信息不完全条件下或者在不确定条件下，如何实现人类归纳认知的有效性和可靠性？针对这一问题，近30年来引起国内外学者的进一步重视，尤其是引起了认知科学界学者的高度重视，产生的一些思想、观点和方法值得我们关注。

在国外，围绕这一问题产生并发展了主观概率逻辑理论。根据吴玉督、吴江的观点，主观概率理论的研究源自两个原因：一是对于基于数学和数理统计学的概率在什么时候满足个体不足认知的需要，也就是拉姆齐（F. P. Ramsey）、安斯考伯（F. J. Anscombe）、奥曼（R. J. Aumann）、萨维奇（L. J. Savage）等提出的："什么时候，个体在不确定知识条件下的选择可以说和经典的概率理论相一致？"二是基于论述决策的期望效用模型的基础研究。贝努利（J. Bernoulli）、诺伊曼（J. Von Neumann）、摩根斯坦（O. Morgenstern）、海尔斯坦（I. N. Herstein）、米尔诺（J. Milnor）等都希望能用明确的概率来解释不确定性，这包括了准确定义在支付上的概率分布。拉姆齐、萨维奇、安斯考伯和奥曼开创了主观概率选择理论上的方法，由阿罗（K. J. Arrow）、费希伯恩（P. C. Fishburn）等人做了进一步的研究。事实上，主观概率理论的发展与决策理论的发展紧密相关，发展历程也具有一致性。不确定性下决策理论的发展是从数学期望值最大化原则到期望效用最大化原则，再到一般期望效用理论，最后到非期望效用理论。伴随不确定性下决策理论的发展需要，主观概率理论也不断发展：在期望理论的框架下，拉姆齐、萨维奇、安斯考伯和奥曼等人创立了主观概率理论，随着期望效用理论的发展而不断发展；赫什莱佛将主观概率的新结果和新发展统一在一个满意的框架中；德雷茨将其扩展到了道德风险和依状态偏好这种情况；基利波（I. Gilboa）和施迈德勒（D. Schmeidler）在期望效用理论的框架下分别论述了非可加性主观概率。非可加性概率的提出具有特殊的意义，它使得

① 刘邦凡，何向东. 面向不足与复杂认知的当代归纳逻辑研究[J]. 哲学动态，2012(1)：91-96.

能够在期望效用理论的框架下解释阿莱悖论和埃尔斯伯格悖论，从而使得主观概率理论更具有说服力和合理性。[①] 马奇纳（M. J. Machina）和施迈德勒还将主观概率理论扩展到非期望效用理论的框架下，提出了一个更强健的主观概率定义，从而使得主观概率理论的适用性更广泛。[②]

在我国，针对主观概率理论，也引起了不同学界的重视。在逻辑学界，有学者关注这一主题并对此进行了思考，提出了自己的观点。例如，鞠实儿在相关变量法的基础上构造了假说似规律度的句法理论，考察了在知识不完全和实验结果不确定的条件下运用排除归纳法进行实验推理的特点，构造了假说归纳可靠度理论。[③] 李章吕认为："基础概率谬误并不就真的是'谬误'，有时候这还是一种合理的决策方式"；"支持理论进一步发展了概率的主观主义解释，而这也正是近年来归纳概率逻辑的一个主要研究方向和发展趋势"；"支持理论的提出再一次验证了理论与现实原型的'恰当相符性'这一检验一个理论是否正确的恒久不变的标准"；"支持理论为主观概率判断的研究提供了新的思路和工具"。[④] 在其他认知科学界，研究认知概率逻辑、主观概率支持理论的学者不在少数，特别是在我国心理学界有诸多学者长期关注这一主题。例如，张庆林带领的团队对此进行了系统而长期的研究，他们认为：支持理论是一个关于主观概率判断的非外延性理论；主观概率判断受到描述的影响，具有描述的依赖性；主观概率判断的结果是判断者对中心假设的相对支持的反映；主观概率在二元判断中表现出二元互补性，在多元判断中表现出次可加性；主观概率判断存在分解效应和促进效应。[⑤] 他们还采用三因素完全随机实验探究主观概率判断是否满足次可加性规律，得出结论：分解方式、分解数量和分解事例的典型性等三个因素对主观概率判断均有显著的影响；次可加性不是一种普遍现象，主观概

①I. Gilboa，D Schmeidler. Maximin expected utility with a non-unique prior[J]. Journal of Mathematical Economics，1989（18）： 141.

② 吴玉督，吴江 . 不确定性下决策理论的发展：主观概率研究综述 [J]. 江汉论坛，2007 （7）：74-77.

③ 何向东，吕进 . 归纳逻辑研究述评 [J]. 自然辩证法研究，2007（3）：31-34，44.

④ 李章吕 . 论主观概率判断中的基础概率谬误 [J]. 理论与现代化，2013 （1）：10-15.

⑤ 向玲，张庆林 . 主观概率判断的支持理论 [J]. 心理科学进展， 2006（5）：689-696.

率判断中也会出现可加性和超可加性，即把事件隐分为非典型事例时会出现超可加性，把事件隐分为典型或者典型加非典型性的事例时会出现可加性，而把事件显分时会一致出现次可加性。[①]

总体看来，动态认知条件下或不足认知条件下的归纳理论研究，还有很多空白点，有待于人们去发现、去研究、去思考。这不仅是逻辑学的任务，而且是整个认知科学的任务。可以预见，对于归纳逻辑而言，当前乃至未来一段时间内其研究重点和突破点也在于此。

在论述归纳在人类认知中的作用方面，恩格斯有清晰的认识：一方面，恩格斯赞同黑格尔关于“归纳推理本质上是一种尚成疑问的推理”[②]的看法，赞同休谟对归纳合理性的责难，认为“单凭观察所得的经验，是绝不能证明必然性的”;[③]另一方面，他也反对休谟关于因果关系的不可知论，认为人类的认知活动（如工业技术）可以给自然界运动“以预先规定的方向和规模”，“造成某个运动在自然界中发生的条件”，从而“对因果性作出验证”。[④]恩格斯总结道：“归纳和演绎，正如综合和分析一样，必然是属于一个整体的。不应当牺牲一个而把另一个捧到天上去，应当设法把每一个都用到该用的地方，但是只有记住它们是属于一个整体，它们是相辅相成的，才能做到这一点。”[⑤]在逻辑学界，自从数理逻辑诞生以来，一些学者逐渐形成了演绎逻辑优秀于归纳逻辑的观念，存在过分推崇数理逻辑甚至迷信数理逻辑的情况。事实上，正如恩格斯以上论述的一样，归纳与演绎不存在谁最优秀，它们只能是相辅相成的。根据我们前面的论述，在人类认知活动面临不足的条件下或复杂条件下，归纳首先被选择，然后才有可能用到演绎。这也说明，归纳是人类不足认知或复杂认知中的最先和最多使用的方法。

---

① 向玲，王宝玺，张庆林．主观概率判断中次可加性的三因素实验研究 [J]. 心理科学，2007（1）：253-255.

② 恩格斯．自然辩证法 [M]. 中共中央编译局，译．北京：人民出版社，1971：205.

③ 恩格斯．自然辩证法 [M]. 中共中央编译局，译．北京：人民出版社，1971：206.

④ 吴晓江．从经典自然辩证法到现代科技哲学——恩格斯理论遗产的当今意义 [J]. 自然辩证法研究，2006（11）：103-107，110.

⑤ 恩格斯．自然辩证法 [M]. 中共中央编译局，译．北京：人民出版社，1971：207.

有一点是可以确定的，现当代归纳逻辑，不仅在服务于人类认知上发挥越来越大的作用，而且相应研究也在日益深化，从定性描绘向定量研究深入，从应用哲学与数学的单一分析工具到应用心理学、生理学、计算机技术等多种手段结合，充分展示了现代归纳逻辑的理论研究前途与实际应用前景。例如，由于归纳逻辑的介入，因果关系理论受到更多研究者的关注，因果关系的研究日趋深入。同时也验证了因果陈述逻辑的发展是现代科学技术的研究方法发生变革的产物，随着对它研究的不断深入，因果陈述逻辑的应用也将得到全面的展现，它也必将受到越来越多科学工作者的重视。①

总之，归纳逻辑不仅走过了从面向定性认知到面向定量认知的过程、从正积极走向不足归纳认知和复杂归纳认知的过程，而且从总体上看，现代逻辑（包括现代归纳逻辑）必将与认知科学、认知实践进一步结合，对于人类认知实践的贡献将大大超过从前。具体看来，现代逻辑与认知科学、认知实践的结合大致仍然沿着两条线路去发展：一是从静态探讨向动态刻画，二是从单一工具走向多元手段相结合。对于第一条线路，已经得到快速发展是初步探讨主体动态性的缺省逻辑，然后可能深入探讨主体动态性逻辑是单主体认知逻辑、多主体认知逻辑、多主体概率认知逻辑等。对于第二条线路，事实上就是结合多学科形成综合协同攻关态势，力求最大程度地推进逻辑与认知的价值结合。这说明，对于现代归纳逻辑研究而言，要在学科内部避免片面性，学科壁垒必须打破，要务实推行学科发展的交叉、融合与综合。20 世纪的心理学与逻辑学的很好融合、互动，就是一个生动的例子，而且方兴未艾的认知科学更是多学科互动之结果。总之，逻辑学不仅在认知召唤下走得更远，而且对于归纳逻辑而言，进一步发展的动力和方向都可能是认知。

① 王磊，何向东 . 因果逻辑研究述评 [J]. 哲学动态，2009（10）：98-101.

第五章 勃克斯的归纳逻辑理论

勃克斯的归纳逻辑体系由归纳和演绎论证、探究的逻辑形式、归纳概率理论、因果模型和归纳概率证明等内容组成，贯穿勃克斯归纳逻辑理论始终的则是他的因果陈述逻辑系统以及标准归纳逻辑能够用因果模型进行形式表达的哲学思想。

第一节 朴素的归纳和演绎理论

勃克斯通过对归纳和演绎的实证研究，最终将归纳论证转化为归纳概率陈述，解决了在归纳论证中将证据材料对结论支持程度的形式化分析这一问题。

一、勃克斯的归纳和演绎思想

在哲学史、逻辑史和科学史上，关于归纳和演绎之争、经验论与唯理论之争已经延续了几个世纪。无论是唯演绎主义，还是唯归纳主义，都是片面的，各自的理论都无法正确地表述演绎和归纳的关系问题。随着科学的进步以及实践的发展，虽然仍有偏激之词，但是人们对二者的关系逐步取得了共识，恩格斯的一段名言反映了大多数人的这种共识："归纳和演绎正如分析和综合一样，是必然相互联系着的。不应当牺牲一个而把另一个捧到天上去，应当把每一个都用到该用的地方，而要做到这一点，就只有注意它们的相互联系，它们的相互补充。"① 而归纳之所以是逻辑，很重要的一个根据在于它与演绎是密切相互联系和互补的。② 我们知道，演绎有其推理的形式结构，它研究的是必然性推理，而归纳尽管没有统一、固定的推理结构，它也仍然是逻辑，研究的是或然性推

① 马克思，恩格斯．马克思恩格斯选集（第 3 卷）[M]. 北京：人民出版社，1975：548.

② 王雨田．逻辑学中怎能没有归纳逻辑——评唯演绎主义的归纳观 [J]. 哲学研究，2002（3）：72-77.

理。因此，笔者赞同王雨田教授的看法："科学分类不是以个人的好恶为转移的，逻辑作为一门学科，其基础的分支学科就是演绎逻辑和归纳逻辑。这二者是不同的，即使看作是根本不同的，也不能否定它们应并列于逻辑中。这就是说，逻辑不仅研究'必然地得出'，还并列地研究'或然地'得出，二者都是客观地、必然地存在着的，可以是有效的。"[①]

也就是说，归纳和演绎作为逻辑的两个重要组成部分，是我们解释已知世界的两种不同的科学方法，也是探索未知世界的两个重要工具。它们在科学观察和实验中发挥着关键的作用，是科学实践不断发展的有效方法和途径。而勃克斯的归纳逻辑思想，也是以他对归纳和演绎的研究为基础而一步步展开进行的。

勃克斯的研究目的是探究科学知识的本质，基于此，他将科学知识分为两类——"数学知识"和"经验科学"。[②] 尽管他在《机遇、因果和推理》一书中多次提到逻辑真理和逻辑谬误的知识，但是勃克斯将他们归为数学哲学的范畴中，而经验真理和谬误的基本问题属于科学哲学的核心论题之一，也是其专著的研究对象。因此，勃克斯重点对后者进行了理论分析，从而阐明了归纳逻辑和演绎逻辑的区别和联系。他认为，一个论题是如何被展开的以及如何得到论证的，这是两个完全不同的问题。正是因为二者的差异，才导致了"探究的逻辑"（the logic of inquiry）和"论证的逻辑"（the logic of argument）[③] 两个逻辑分支的形成。"探究的逻辑"以那些在解决问题、回答疑问时起决定作用的规则、规律为主要研究对象，因而也被称为"发现的逻辑"；而"论证的逻辑"则以那些从前提推导结论的证明过程中所依赖的推理规则为研究对象，来判断它们是有效的还是无效的，是正确的还是错误的。实际上，笔者认为，通过勃克斯对逻辑形式进行的分类可以看出，"探究的逻辑"是一种动态的、探索式的推理形

① 王雨田．逻辑学中怎能没有归纳逻辑——评唯演绎主义的归纳观 [J]. 哲学研究，2002（3）：72-77.

②Arthur W Burks. Chance，Cause，Reason[M]. Chicago：The University of Chicago Press，1977：15.

③Arthur W Burks. Chance，Cause，Reason[M]. Chicago：The University of Chicago Press，1977：15.

式，而“论证的逻辑”则是一种静态的、以证明为主的推理形式。而从更深层次的意义上来说，勃克斯提出的这两类逻辑形式，本质上是归纳逻辑与演绎逻辑的具体表现形式。

以此为基础，勃克斯根据陈述的两大类型——逻辑陈述（逻辑上真或假）以及经验陈述（经验上真或假），加上前面所说的“探究的逻辑”以及“论证的逻辑”，对逻辑的类型进行了交叉式的二次分类，将逻辑的分支扩展到了四个：数学探究的逻辑——（对应）演绎逻辑、经验探究的逻辑——（对应）归纳逻辑。我们看到，勃克斯将“数学”与“经验”从探究的逻辑中划分了出来，得到了逻辑的两种类型，同时，还将“归纳”和“演绎”从论证的逻辑中划分出来，得到了归纳逻辑和演绎逻辑两种不同的类型。这种分类方法，对于我们理清归纳和演绎、探究和论证的关系是一种新的思路，起到了一定的促进作用。

另外，从勃克斯对逻辑的分类来看，他把涉及对数学知识的探究、证明等归为演绎逻辑，而把以研究经验真理为目的，强调经验科学方法性的探究归为归纳逻辑。关于这一点，笔者有不同的看法，认为这种分类方法似乎偏颇。如前所述，归纳和演绎两种逻辑类型在实际的科学研究中是互相渗透、密不可分的，归纳中可以有演绎的成分，演绎中也能有归纳的成分。演绎可以为归纳确定方向，并帮助归纳作出科学的概括。因此，我们不能绝对地指出数学探究的逻辑完全属于演绎逻辑，而经验探究的逻辑则完全属于归纳逻辑，前者丝毫没有归纳的因素，而后者也丝毫没有演绎的成分。很显然，这样的分类将归纳和演绎完全对立起来，似乎是不太合理的。无论是科学家的实验室，还是普通人的生活中，将归纳和演绎完全割裂开来是不可能的。因此，关于这一涉及认识论的关键问题，还需要我们进行深入的思考。

二、经验探究的逻辑形式

勃克斯认为，用于确立或者反驳逻辑上真或假的论证称为演绎论证，但是有时它也被用来研究经验上真或假的陈述的推导问题，这样一来便超出了演绎论证的研究范围，所以对经验陈述的证明便不能仅仅通过演绎论证来证实或者证伪。因此，我们还需要运用归纳论证以及归纳逻辑对其进行研究。通过勃克斯对逻辑的分类可以看出，经验探究的逻辑属于归纳逻辑，而归纳论证的逻辑研究的是最普遍、最根本的归纳论证类型，这也是我们最关心的，所以为了更好地研究归纳逻辑的基础性问题，勃克斯将研究的首要重点放在了经验探究的逻辑形式上面。

什么是经验探究的逻辑形式？为了更好地回答这个问题，勃克斯从其定义出发，给出了属于这一逻辑形式的一些程序规则，即给定一个比较复杂的问题，从解决那些与该复杂问题相关的简单问题入手，对它们进行形式化，然后在已知这些数据及规律的基础上，构建一个可以解释那些数据的假设，并从假设中推导结论，最后对得出的结论进行检验。这一过程就是经验探究的逻辑在科学实践中的表现形式。[①] 当然，有人会质疑，仅仅依靠规则便能够得出正确而有效的结论吗？成功地解决科学问题所需要的创造力、天赋、艰巨的努力等一系列涉及人的因素都可以被忽略吗？对于这个问题，勃克斯强调，演绎逻辑的判定步骤是一个纯机械的、自动的程序，而探究的逻辑则需要人们具有极高的天赋和丰富的知识，同时它得出的结论是概率性的。但是，随着科技的发展，尤其是电子数字计算机（埃尼阿克）的诞生，许多需要创造性的科学工作有时也可以按照纯粹的规则来完成。关于这一点，由于不是本书的论述重点，对此不作深入探讨。

对经验探究的逻辑形式的内涵进行解释之后，勃克斯对它的外延——与归纳逻辑的关系进行了详细的探讨，笔者对此总结之后，认为主要表现在：

我们所构造的用于解释已有数据的假设，在实际的科学研究中，往往不是只有一个，而是有多个可供选择的假设。为了方便讨论，我们将这些可供选择的假设数量限定为两个。这样的话，它们之间的关系就会有两种情况，即要么是逻辑等值的，要么不是逻辑等值的。如果这两个可供选择的假设是逻辑等值的，那么它们就会对同样的经验事实提供相同的公式。在这种情况下，研究主体按照探究的便利性作出选择即可。很明显，大多数研究人员都会选择两者中较为简单的那个假设作为研究的前提。于是，我们可以从中得出一条“经济原

①Arthur W Burks. Chance，Cause，Reason[M]. Chicago：The University of Chicago Press，1977：17.

则”：[①] 从给定的预算中（包括经济和付出的辛苦）利用调查探究获得关于信息（或者结果）的最大值。

另外一种情况就是，这两个可供选择的假设不是逻辑等值的。而这一情况最典型的实例是科学史上的地心说和日心说之争。这两个曾经被作为假说的观点是计算地球运动轨迹的两种可供选择的方式。伽利略认为地球围绕太阳运动，而罗马教主则认为太阳围绕地球运动。这两种非逻辑等值的假设必然会产生不同的经验结果，日心说陈述的是地球围绕太阳运动而星星的位置不变，依此理论，星星在不同的季节应当出现在不同的区域，然而，这样的运动结果在当时的科技条件下是无法观测到的；而地心说描述的则是一个物体的自由落体运动事实。与日心说有所不同，它并不仅仅依赖“地球围绕太阳转”这一理论而获得对地球运动的一切情况，而是与“自由落体运动”的相关理论一起，共同形成它的理论事实。也就是说，这两个内容上相反的假设并存，那么为了验证它们的正确性，就必须结合相关的理论事实，对此进行论证，即利用归纳逻辑的方法，检验二者的真实性。

根据以上内容，勃克斯提出了存在于论证逻辑中的一个重要规则——“总体证据规则（the rule of total evidence）”，[②] 即我们应当运用可以掌握的所有信息（包括证据、知识等）来判断一个命题为真还是为假，可能还是不可能，以及该命题成立的概率是多少。也就是说，勃克斯根据地心说和日心说这两个理论假设，概括出了确定命题状态的“总体性规则”，这也是他从经验探究的逻辑形式中归纳总结出关于论证逻辑理论的一个指导性的原则。通过勃克斯对这一原则的提出我们看到，正是它的桥梁作用，使得归纳逻辑和演绎逻辑更好地结合起来，它们之间所具有的相辅相成的关系也体现在科学研究的实践中并发挥着重要的作用。

三、演绎论证和归纳论证

“论证”（argument）这个词可以有多种不同的含义，我们可以说两个人之

①Arthur W Burks. Chance，Cause，Reason[M]. Chicago：The University of Chicago Press，1977：19.

②Arthur W Burks. Chance，Cause，Reason[M]. Chicago：The University of Chicago Press，1977：20.

间有一个 argument（争论），某个人提出了一个 argument（论证），也可以说一个数学函数的值取决于其 argument（主目）的值。逻辑学家为了自己的目的，会从中选择一种用法。勃克斯在论述“论证”（包括论证逻辑、演绎论证以及归纳论证）时，“argument”指的就是论证。

通常认为，论证可以分为演绎论证和归纳论证。但是这两类论证在其前提支持结论的方式上有着根本的不同，演绎论证的逻辑特征是：如果它的所有前提都是真的，那么它的结论就必然为真。也就是说，一个演绎论证是有效的当且仅当它的所有前提真实而结论不可能为假。由此可以看出，一个有效论证前提的真保证了它的结论的真。当一个论证的前提真能够保证其结论真时，我们就说它是演绎有效的。当一个论证不是演绎有效的，但其前提为结论提供了充足的证据支持时，这个论证就称作是归纳强有力的，其强度取决于前提为结论提供了多大程度上的证据支持。总之，如果一个论证是演绎有效的，结论所形成的断定都是前提所作出的或者至少是已经隐含在前提中的。

关于勃克斯对演绎论证的分析，我们首先来看下面的例子①：

（1）我的所有宠物都是长尾小鹦鹉，所有的长尾小鹦鹉都是鹦鹉，所以，我的所有宠物都是鹦鹉。

勃克斯指出，论证是一种特殊类型的推理，推理的正确性（有效性）由推理规则决定。在一个论证中，从真前提出发，按照一个正确的推理规则进行推理，那么我们就会得出一个真结论。在例（1）中，推理规则是：

（1α）从“所有的 A 都是 B”和“所有的 B 都是 C”推出“所有的 A 都是 C”。

我们看到，论证（1）实际上是一个有效三段论的实例，而规则（1α）则是一个有效三段论的一般形式，并且无论是论证，还是规则，都是有效的，因为它们符合三段论的有效规则。但是，下述演绎规则：

（2α）从“所有的 A 都是 B”和“所有的 C 都是 B”推出“所有的 A 都是 C”。

很显然是无效的，因为它违反了三段论中“中项在前提中至少周延一次”的规

①Arthur W Burks. Chance，Cause，Reason[M]. Chicago：The University of Chicago Press，1977：21.

则。但是，勃克斯并没有从这个角度论述该规则的无效性，而是用一个例子说明前提真实结论却是假的论证也是无效的。比如下述论证：①

（2）所有的狗都是哺乳动物，所有的日本猫都是哺乳动物，所以，所有的狗都是日本猫。

虽然两个前提都是真实的，但是结论是假的，因而是一个无效的论证。

上述两个例子是从形式上判断规则是否有效，从而断定论证是否有效。而下面的这个例子：

（3α）给定 x 是铜制的，推断出 x 能够导电。

由于铜事实上确实能够导电，因此该论证规则有效，它的所有实例，比如下述论证：

（3）这个金属丝是铜做的，所以，它能够导电。

就是一个有效的论证。勃克斯认为，尽管按照规则（3α）我们可以从一个真前提得到一个真结论，但是对前提的真假判断，仍然超出了演绎逻辑的范围，已经涉及经验科学领域。通过对上述演绎论证的例子进行分析我们可以看出，无论是哪种情况，规则对于决定演绎论证的有效与否都起着决定性的作用。

以此为基础，勃克斯对演绎论证进行了定义，这种独特的定义方式主要表现在：勃克斯在演绎论证和条件陈述“如果……那么（if ... then）”之间建立了一个对应关系，即给定一个前提是 $\Phi_1, \Phi_2, \Phi_3, \cdots, \Phi_N$ 并且结论是 θ 的演绎论证，与它相对应的条件陈述是：“如果（$\Phi_1 \wedge \Phi_2 \wedge \Phi_3 \wedge \cdots \wedge \Phi_N$），那么 θ。”也就是说，这一充分条件假言命题的前件是演绎论证前提的合取，后件是该演绎论证的结论。那么，判断一个演绎论证是否有效，等同于判断与它对应的条件陈述是否是逻辑真的。回到本小节开始我们所举的例子中，会得到下列条件的陈述：

（1β）如果我的所有宠物都是长尾小鹦鹉并且所有的长尾小鹦鹉都是鹦鹉，那么我的所有宠物都是鹦鹉。

（2β）如果所有的狗都是哺乳动物并且所有的日本猫都是哺乳动物，那么所有的狗都是日本猫。

（3β）如果这个金属丝是铜做的，那么它能够导电。

---

①Arthur W Burks. Chance，Cause，Reason[M]. Chicago：The University of Chicago Press，1977：22.

根据勃克斯的对应理论，（1β）是逻辑真的，所以（1）是有效的；（2β）不是逻辑真的，所以（2）不是有效的；（3β）是事实真但不是逻辑真的，如前所述，演绎论证（3）的前提暗含了一个事实“铜是导电的”，因此，只有加上该前提“（4）铜是导电的”，（3β）才是逻辑真的条件陈述，这时相对应的演绎论证（3）才是真正有效的。而前面提到的（3）的有效性不是从逻辑的意义上说的，而是从事实的意义上说的。

与演绎论证相比，即使归纳论证的前提是真实的，归纳论证也不要求它们的前提必然地支持结论。也就是说，归纳论证的前提只能为它的结论提供某种程度的支持，前提赋予结论的支持程度越高，论证的可靠性就越大。归纳中强的论证可以得出其断定范围超出前提断定范围的结论，即它的结论所作出的事实断定（对事实的估价、评估）超出了前提所给出的信息范围。所以，从这个意义上说，一个强的归纳论证比一个演绎有效的论证冒了更大的风险，它有可能从真的前提中得出假的结论。但是我们应当注意的是，正是由于它付出了这一冒险的代价，才使得它具有优于演绎论证的特征，即归纳上强的论证比演绎有效的论证更有可能从旧的事实中发现和预测新的事实。而在科学研究和实践中，只有不断地付出这种代价，我们才能发现新问题，获取新知识，在探索未知的领域中取得成功。

有些学者认为，有两类不同的论证：演绎论证和归纳论证。演绎逻辑研究演绎论证，归纳逻辑研究归纳论证，他们设想每一种论证属于并且只属于一种类型。我们看到，这种分类方法对于那些强的归纳论证是不公平的，因为他们也是演绎有效的。所以，笔者认为这一分类是不科学的。近年来也有些学者按照强度逐渐下降的方式将论证分为三种类型，即演绎有效的论证、各种不同的归纳强度的论证以及逻辑联系上不相关的论证。对于这种分类模式，笔者是赞同的。它涵盖了论证的各种基本类型，分类较为全面，因此这种分类方法对于我们研究演绎论证和归纳论证的关系是适合的。实际上，归纳逻辑和演绎逻辑并不是按照它们研究的论证类型来划分的，而是按照它们评价论证的不同标准来划分的。演绎逻辑以有效性作为评价标准，归纳逻辑则以归纳强度作为评价标准。所以，我们不能以演绎逻辑的评价标准来评价归纳逻辑，也不能以归纳逻辑的评价标准来评价演绎逻辑。

勃克斯对归纳论证的研究，也是沿着上述思路进行的。在对演绎论证进行定义并解释之后，勃克斯对归纳论证及其相关的概率理论进行了论述，从而完成了他对论证的两个主要内容——演绎和归纳的结构说明。关于归纳论证，勃克斯认为，与演绎论证的形式化相比，由于形式化一个支配归纳论证的规则比较困难，因此，对归纳论证的形式化研究更加复杂。

归纳推理是一种检验科学理论的逻辑方法。科学理论不同于数学这种纯粹的科学，不能通过演绎方法证明其真假，只能通过观察和实验获得的证据材料来支持科学理论（这一思想成为贯穿勃克斯归纳逻辑理论的一条主线，他的归纳概率理论便是在这一指导思想下形成的）。那么，一种证据材料能在多大的程度上支持某种科学理论呢？这就涉及归纳概率的问题了。而运用概率对归纳论证进行形式化，不仅符合归纳推理的本质特征，也是使得归纳论证具有更高确证度的一个必要条件。基于这一指导思想，在对归纳论证进行形式化之前，勃克斯又提出，既然可以用一个条件陈述来代替相应的演绎论证，那么同样可以用一个概率陈述来代替相应的归纳论证并解决其形式化问题。

基于此，勃克斯认为，原子归纳概率陈述公式可以被形式化地表达为P（c，d）= x。其中，P是概率算子，c是科学理论，d是证据材料。P表示d对c的支持程度，x表示P的值。比如，关于投掷硬币后，硬币落下时背面朝上的概率问题，有命题：

（T）这个银币在投掷并落下后将会以背面朝上。

与它相关的证据事实是：

（E）这个银币看起来是对称的，也就是说它被投掷后落下时背面朝上的机会为二分之一。

正是由于这一对称性，它的概率才具有准确性。因此，根据（T）和（E），我们可以得出其归纳概率公式：P（T，E）= 1/2。当然，由于归纳概率的证明意义不仅发生在科学领域，而且发生在法律、哲学、历史、统计学等学科以及日常生活领域，所以，x的值不仅仅是实数，也可能是像“高”“矮”“大”“小”这类的形容词。另外，还有一种与原子归纳概率陈述不同，但也是非常容易与之相混淆的一类陈述——勃克斯称之为原子经验概率陈述。接着，他举例来说

明该陈述。[①] 假如某人反复投掷一个银币，结果是

（R）该银币降落后背面朝上的次数占了 70%。

这一结果与 P（T，E）= 1/2 是不相符的，究竟哪个陈述为真呢？实际上，二者都是真的，并且是一致的。原因就在于（R）是一个原子经验概率陈述，我们不能对它进行归纳概率处理。也就是说，它的概率公式应当是：P（T，E ∧ R）= 0.7。按照总体证据规则，我们不能对银币投掷后的预期简单地看作 P（T，E）= 1/2，而是要想到诸如 P（T，E ∧ R）= 0.7 这样的情况。之所以称其为原子经验概率陈述，是由于它的发生是经验性的，而且是一个能够通过多次投掷银币来实现（解决）的经验问题。这种与投掷银币时的一些客观情况（包括银币的物理性质、当时的空气状况等）密切相关的因素也能够根据概率而得到描述，从而得出原子经验概率陈述的公式。

还有一种情况，比如连续投掷一个银币后会得到这样两个结果：

（A）这个银币背面朝上的概率是 0.5。

（B）这个银币背面朝上的概率是 0.7。

假如上述两个陈述的意图是确定银币下落时哪个概率为真，那么如果实际上（R）是真的，那么（B）就会被接受。也就是说，（A）和（B）的真假值是经验上的，并不是逻辑上的。由此可以看出，由于归纳概率的定义是按照归纳推理被得出的，因此一个原子归纳概率陈述的真假值是逻辑上的，而一个原子经验概率陈述的真假值则是经验的，这也是归纳概率陈述和经验概率陈述的根本区别。

总之，勃克斯通过对归纳论证的形式分析，阐述了他的归纳概率思想以及对归纳推理可靠程度的证明。其中重要的一点是他引入了概率，并将归纳论证转化为归纳概率陈述，从而得出证据材料对科学理论的支持程度，这种形式化的分析方法是勃克斯构造其归纳逻辑体系的基础和关键，尤其是在因果陈述逻辑中对因果虚拟句的形式化探讨，也恰恰说明了这一点。

---

①Arthur W Burks. Chance，Cause，Reason[M]. Chicago：The University of Chicago Press，1977：26.

第二节 归纳概率理论

勃克斯对归纳概率的研究，不仅构成了归纳逻辑体系的核心内容，而且完成了对原子归纳概率陈述的形式刻画，具有重要的理论意义。

一、归纳概率演算

在勃克斯看来，有很多知识是通过论证获得的，这部分知识则与概率息息相关。于是，勃克斯的归纳概率理论是他的归纳逻辑体系的核心部分，也是勃克斯对归纳逻辑的重大贡献之一。而他对归纳概率理论的研究，是从归纳概率演算开始的，这是他归纳概率理论的一个重要理论分支。

他以林登鲍姆（Hosiasson-Lindenbaum）"On Confirmation"①（确证理论）中的公理系统为出发点，对归纳概率演算进行了详细的探讨。

公理 1 预设了一个定义，即两个陈述 c 和 d 在条件 e 下是互相排斥的，具体表现为 e 逻辑蕴涵 c 和 d，同时 c 和 d 的合取值为假：$e \rightarrow \neg (c \wedge d)$。于是，该条公理可以这样描述：

如果陈述 c、d 在条件 e 下互相排斥，那么 $P(c \vee d, e) = P(c, e) + P(d, e)$。可见，该公理与析取添加规则有关。

公理 2 $P(c \wedge d, e) = P(c, e) \times P(d, c \wedge e)$。

公理 3 与概率的逻辑蕴涵有关，即：如果 $d \rightarrow c$，那么 $P(c, d) = 1$。

公理 4 是在概率算子的范围内根据逻辑等值进行逻辑交换，即：如果 $e \leftrightarrow f$，那么 $P(c, e) = P(c, f)$。

这四个公理就是证明定理之前的预备知识。尽管除了公理 3，其他的公理不包含原子概率陈述，但是以上这些公理（包括它们推出的定理）都可以被用来推导原子概率陈述。比如，令 G 代表从一副洗好的桥牌中抽出某张牌，条件是抽出的那张卡片不能被别的其他卡片所取代。在第一次实验中，抽出一张图案是一只眼男子的桥牌的概率是 2/52（该副桥牌有 52 张），原因是在 52 张桥牌中有两张上述图案的牌，即 $P(J_1, G) = 2/52$。这样的话，如果在第一次实验中抽

① Hosiasson-Lindenbaum. On Confirmation[J]. The Journal of Symbolic Logic，1941，6（2）：63.

出的桥牌图案恰好是一只眼男子，那么在第二次实验中，抽出另外一张相同图案的桥牌概率是 P（J_2，G ∧ J_1）= 1/52。那么，根据公理 2，连续抽出两张图案是一只眼男子的桥牌概率是 2/52 × 1/52。因此，我们便可以从原子概率陈述 P（J_1，G）= 2/52 和 P（J_2，G ∧ J_1）= 1/52 中推导出原子概率陈述 2/52 ×1/52 = 2/2652。

仍以上述例子为研究对象，勃克斯指出了原子归纳概率陈述的缩写情况。这种缩写是将某个概率项省略不写，但前提是省略的那个条件必须是“大前提”，也就是大家已经熟知的不变条件 G。根据 P（J_1，G）= 2/52 和 P（J_2，G ∧ J_1）= 1/52，省略 G 后可以得到 P（J_1 ∧ J_2）= P（J_1） × P（J_2，J_1）。

按照勃克斯的思路，归纳概率演算是归纳逻辑的一个重要组成部分，它的一个重要用途就是检验经验陈述。以上述公理为前提证明归纳概率演算的相关定理，是勃克斯归纳概率理论的一个主要研究内容。通过前面对因果陈述逻辑理论的阐述可以看到，勃克斯对条件句“如果……那么……”的分析处处体现了他对真值函项和模态逻辑关系的思考。正是由于他对实质蕴涵以及逻辑蕴涵等蕴涵类型的比较，并将它们与概率相结合，按照它们在模态逻辑中的不同作用对其进行概率处理，才使得勃克斯所提出的关于归纳概率演算的一些定理兼有“概率”和“逻辑模态”的特点。那么，具体体现这一特点的定理主要有：

定理 5　如果 □ q，那么 P（q，p）= 1。

这一定理根据公理 3 得到。公理 3 涉及逻辑模态，它表明逻辑必然性是概率的一种极限情况。根据必然性概念，如果 q 是必然的，那么 p ⊃ q 就是必然的，即如果□ q，那么 p → q 为真，再根据公理 3，有 p → q，所以得到 P(q,p)= 1。也就是说，一个必然陈述都有一种概率为 1 的特殊情况。比如 P（1+1=2，今天天气不好）= 1。我们知道，今天天气的状况与 1+1= 2 没有任何关联，但是正因为“(今天天气不好) → (1+1=2)”为真，所以尽管“今天天气不好”这一材料对结论“1+1=2”没有任何证据承担的作用，但是其概率仍然为 1。勃克斯通过对定理 5 的论述无疑是想表明将概率算子 P 应用到必然性陈述中，其目的就是利用逻辑蕴涵中“真命题可以为一切命题所蕴涵”的思想，使得推理更加简便。

定理 6　如果 e → （c ≢ d），那么 P（c，e）= 1 − P（d，e）。

证明：“(c ≢ d) ≡ [（c ∨ d） ∧ ¬（c ∧ d）]”是一个重言式。所以，我们可以根据 e → （c ≢ d）得出两个公式：(α)e → （c ∨ d）和（β)e → Ø(c ∧ d)。

由（α）和公理 3 可以得出 P（c ∨ d，e）= 1。而公式（β）则表明，相对于 e，c 和 d 是互相排斥的。所以根据公理 1，得到 P（c ∨ d，e）= P（c，e）+ P（d，e），进一步得到 P（c，e）= 1 – P（d，e）。该定理也被称为“减法规则”。

下面的定理是减法规则的特殊情况，即任何命题的概率都是 1 减去该命题否定后的概率。[①]

定理 7　P（c，e）= 1– P（¬c，e）。

证明：根据重言式 e →（c ≢¬c）和定理 6，很容易得出定理 7。另外，需要我们注意的一点是，由于 P（c，e）的范围被限定在非否定实数这一界限之内，所以所有的概率值都是非否定的，而且 0 ≤ P（c，e）≤ 1（可以看作公理 7 的一个推论 1）。

在对定理 5 至定理 7 的初步理解基础之上，勃克斯对它们进行了解释。仍然以掷骰子为例，假设投掷一个正常的骰子，它降落后四点朝上的概率是 1/6，而四点不朝上的概率是 5/6。根据公理 2，在任意 3 次连续投掷骰子，它降落后四点不朝上的概率是（5/6）×3。所以，根据减法规则，在正常情况下，连续 3 次投掷一个骰子，得到至少一次四点朝上结果的概率是 1–（5/6）×3 或者 91/216。这个例子说明，运用减法规则，我们可以很容易地推算出得到某个结果的概率是多少，从而对行为的预期作出适当的判断。

定理 5 在表明一个必然性陈述的概率为 1 的同时，也暗示了一个逻辑假的陈述，其概率为 0 的情况。在定理 5 中，用“¬c”代替“q”，用“d”代替“p”就会得到：如果□¬c，那么 P(¬c,d) = 1。根据定理 7,P(c,d) = 1– P(¬c,d)。将 P（¬c，d）= 1 代入上式中得到 P（c，d）= 0。综上可得，如果□¬c，那么 P（c,d）= 0。也就是说，如果陈述 c 是逻辑假的，那么无论 d 是什么样的证据，它都不支持这个假结论，概率只能为 0。

公理 4 表明在概率算子的第二个论证位置，它可以对逻辑等值的陈述进行交换，结果不会发生变化。与公理 4 相比，定理 8 则允许陈述 c 和 d 在概率算子的第一个论证位置进行交换，条件是 c 和 d 是逻辑等值的，并且被普通证据 e 逻辑蕴涵。它的形式化表述是：

---

①Arthur W Burks. Chance，Cause，Reason[M]. Chicago：The University of Chicago Press，1977：46.

定理 8 如果 $e \rightarrow (c \equiv d)$，那么 $P(c, e) = P(d, e)$。

证明：假设 $e \rightarrow (c \equiv d)$。由于“$(c \equiv d) \equiv (c \not\equiv \neg d)$”是一个重言式，所以，“$\Box[(c \equiv d) \equiv (c \not\equiv \neg d)]$”也是重言式。用“$(c \not\equiv \neg d)$”代替“$(c \equiv d)$”可以得到“$e \rightarrow (c \not\equiv \neg d)$”，根据定理 6，我们可以得到 $P(c, e) = 1 - P(\neg d, e)$。再根据定理 7，得到 $P(d, e) = 1 - P(\neg d, e)$，所以，$P(c, e) = P(d, e)$。

作为定理 8 的一种特殊情况，可以得出下面的推论：

推论 2 如果 $c \leftrightarrow d$，那么 $P(c, e) = P(d, e)$。

证明：假设 $c \leftrightarrow d$，即 $\Box(c \equiv d)$。于是，可以得到 $\Box(e \supset (c \equiv d))$，根据实质蕴涵和逻辑蕴涵的关系，得出 $e \rightarrow (c \equiv d)$。又根据定理 8，得到 $P(c,e) = P(d, e)$。

根据上述公理、定理和推论的类型可以看出，公理 4、定理 8 和推论 2 共同构成了归纳概率演算的交换律，即允许逻辑等值陈述在概率条件下进行交换。为了更好地理解交换律的含义，勃克斯又以其经典的“硬币概率”为例进行了诠释，并从中得到了关于模态逻辑和真值函项的一些启示。

假设一个正常的硬币被投掷了两次，令 T_1 和 T_2 分别代表第一次和第二次投掷后硬币背面朝上的情况，现在要计算硬币投掷后至少一次背面朝上的概率，即求 $P(T_1 \vee T_2)$ 的值。

根据联结词“析取”的含义，我们有

$$(T_1 \vee T_2) \leftrightarrow [(T_1 \wedge \neg T_2) \vee (\neg T_1 \wedge T_2) \vee (T_1 \wedge T_2)] \quad (1)$$

根据交换律以及（1），得到

$$P(T_1 \vee T_2) = P(T_1 \wedge \neg T_2) \vee P(\neg T_1 \wedge T_2) \vee P(T_1 \wedge T_2) \quad (2)$$

根据公理 1，得到

$$P(T_1 \wedge \neg T_2) \vee P(\neg T_1 \wedge T_2) \vee P(T_1 \wedge T_2) = P(T_1 \wedge \neg T_2) + P(\neg T_1 \wedge T_2) + P(T_1 \wedge T_2) \quad (3)$$

根据公理 2，得到

$$P(T_1 \vee T_2) = P(T_1) \times P(\neg T_2, T_1) + P(\neg T_1) \times P(T_2, \neg T_1) + P(T_1) \times P(T_2, T_1) = 3 \times (1/2) \times (1/2) = 3/4 \quad (4)$$

也就是说，运用归纳概率演算的公理和定理，可以很准确地计算出一个正常的硬币被投掷两次之后，至少有一次背面朝上的概率是 3/4。

通过这个例子我们可以看出，交换律所交换的等值陈述，主要是逻辑等值和实质等值，而在公理 4、定理 8 和推论 2 中其表现却有所不同，比如在公理 4 和推论 2 中，用于交换的两个陈述之间是逻辑等值的关系，在公理 4 中是两个证据材料之间的交换，推论 2 中是两个结论之间的交换；与这种情况有所不同的是，在定理 8 中，用于交换的两个陈述之间是实质等值的关系，而且它们作为前提中充分条件假言命题的后件被前件所蕴涵，从而得出一个实质等值命题。也就是说，同样是交换律，为什么公理 4 和推论 2 中交换陈述的等值关系与定理 8 中的交换关系存在这样的差异呢？在第二章“勃克斯因果陈述逻辑理论”中，已经阐述了勃克斯关于“必然性等级”的划分思想，按照他的理论，逻辑必然、因果必然、实然的强度是由强到弱的，与此相对应，逻辑等值、因果等值以及实质等值也是由强到弱依次排列的。也就是说，实质等值的强度要小于逻辑等值的强度。公理 4 和推论 2 由于是通过逻辑等值陈述进行的交换，而逻辑等值的强度较大，交换后的概率值不会发生变化，所以得出的结论具有保真性和有效性。而对于定理 8 来说，它是通过实质等值进行的交换，这种交换本身并没有逻辑错误，也不会是假的和无效的，但是就其效力而言，相对于公理 4 和推论 2 来说，它是否要稍微弱一些呢？关于这一点，勃克斯并没有解释和说明。笔者认为，这一点说明他的归纳逻辑思想仍然有着不完善之处。

除此之外，还有一点引起笔者思考的是，定理 8 中“c”和“d”是实质等值的关系，而作为它的推论，推论 2 中“c”和“d”则是逻辑等值的关系，尽管这一不同是在前提中表现出来的，但是我们知道，推论是定理的一种特殊情况，是从定理中推导出来的，因此它的强度要小于定理。我们看到，勃克斯对推论 2 已经进行了证明，可见它是有推理根据的，但是勃克斯并没有解释二者之间的强度问题，由此不禁让人产生了疑问：在归纳概率演算的理论中，实质等值与逻辑等值的差别是否依然存在？是否和因果陈述逻辑理论中二者所具有的差别一样呢？这个问题所蕴涵的哲学思想又是什么呢？勃克斯并没有直接对这些问题予以解答，而是通过举例来说明他的思考过程。

例如，勃克斯指出，下列论证：[①]

①Arthur W Burks. Chance，Cause，Reason[M]. Chicago：The University of Chicago Press，1977：47-48.

因为 □ [（Amundsen 于 1911 年发现了南极）⊃（南极在 1911 年被发现）]，

（南极在 1911 年被发现）≡（Amundsen 死于 1928 年），

所以，□ [（Amundsen 于 1911 年发现了南极）⊃（Amundsen 死于 1928 年）]。

是一个无效的论证。其根本原因就在于实质等值命题在模态语境中不能交换。而对于该论证来说，其无效的表现形式是前提真实而结论为假，这也是导致它无效的直接原因。也就是说，在模态逻辑中，实质等值命题的互相交换规则是无效的。

但是它在真值函项逻辑中却是有效的，例如，上述论证的变形：

因为（Amundsen 于 1911 年发现了南极）⊃（南极在 1911 年被发现），

（南极在 1911 年被发现）≡（Amundsen 死于 1928 年），

所以，（Amundsen 于 1911 年发现了南极）⊃（Amundsen 死于 1928 年）。

则是一个有效的论证。二者的区别仅仅在于论证的语境不同，在前面的论证中，大前提和结论都是带必然算子的逻辑命题，属于模态逻辑，而后者则属于真值函项逻辑。通过对两个论证进行比较，笔者认为，一般来说，在模态逻辑中只有逻辑等值的命题才能够互相交换，而实质等值命题的交换则是无效的；在真值函项逻辑中无论是逻辑等值命题，还是实质等值命题，运用交换规则都是有效的。由此可见，语境的不同导致交换规则的使用主体有所差别，那么形成这种差别的原因是否和笔者在前面内容中分析的那样，在于逻辑等值命题比实质等值命题的必然性强度大呢？正因为二者的必然性有强弱之分，所以在模态逻辑的语境中，必然性强度较大的逻辑等值命题在论证中能够运用交换规则，得出的结论是真的，而必然性强度较小的实质等值命题在论证中运用交换规则得出的结论则是假的。如前所述，勃克斯并没有对这一问题给予直接的解释，但是他提出了一个重要的观点："归纳概率演算类似于模态逻辑而不是真值函项逻辑。"[①] 也就是说，关于交换等值式的规则，归纳概率演算适用的条件范围是模态逻辑而不是真值函项逻辑，对交换规则的运用有一个模态要求，即进行交换的等值式是逻辑等值或者逻辑蕴涵的（因为它们涉及逻辑必然性），而交换规则并不能保证仅仅是实质等值式的那些命题进行交换后结果仍然是有效的。为了

①Arthur W Burks. Chance，Cause，Reason[M]. Chicago：The University of Chicago Press，1977：48.

更好地说明这一点，他以投掷硬币为例对此进行了解释。例如，令 T_1、T_2 分别代表对一个硬币连续两次投掷，该硬币降落后结果是背面朝上。令 F 代表硬币以及投掷都是正常的。假设该硬币两次降落后都是背面朝上，从而使得“$(T_1 \wedge T_2) \equiv T_1$”为真，那么下述论证

$P(T_1, F) = P(T_1, F)$

$(T_1 \wedge T_2) \equiv T_1$

所以，$P(T_1 \wedge T_2, F) = P(T_1, F)$。

由于其前提真而结论假，因此是无效的。根据勃克斯的“交换规则的适用范围”理论，该论证仅仅包含实质等值式，并不包含逻辑等值式，即它没有涉及逻辑必然性的问题，因而结论不是必然的。

总之，勃克斯因果陈述逻辑理论中对逻辑等值命题与实质等值命题的区分，以及它们所相对应的必然性的差异，在他的归纳概率演算理论中通过一些公理和定理也体现了出来。而这种必然性等级的差别，实际上是模态逻辑和真值函项逻辑在对自然语言进行形式化处理过程中的不同表现。由此可以看出，因果陈述逻辑理论与归纳概率演算理论具有内在的一致性，从这一意义上说，正是由于二者的统一，才使得勃克斯归纳逻辑体系是一个系统化、理论化的整体，同时也符合蒯因“整体论”[①]的要求。除此之外，我们还应当看到，勃克斯对归纳概率演算公理及定理的阐述，始终贯穿着“蕴涵”“等值”的思想，尽管在这一理论中，他没有将因果蕴涵、因果等值等内容直接加入进来，但是勃克斯仍为我们留下了思考的空间，关于逻辑等值命题和实质等值命题必然性程度的不同以及引起这种不同的哲学原因值得我们深入地进行探讨。

二、原子归纳概率陈述

在勃克斯的归纳概率理论中，除了归纳概率演算之外，最重要的就是他对原子归纳概率陈述的分析了。[②]而且勃克斯认为，归纳逻辑就是判定原子归纳概率陈述真值的规则系统。如前所述，勃克斯把 $P(c, d) = x$ 这类陈述称为原子

① 蒯因．从逻辑的观点看[M]. 江天骥，等译．上海：上海译文出版社，1987：40.

② 王雨田，吴炳荣．归纳逻辑与人工智能[M]. 北京：中国纺织大学出版社，1995：213.

归纳概率陈述，并且认为它的值由标准归纳逻辑（Standard Inductive Logic）来确定。什么是标准归纳逻辑？要回答这一问题，还得从勃克斯对归纳逻辑的分类说起。

正像几何学中存在着多种描述现实世界的几何理论一样，勃克斯认为归纳逻辑系统也存在着多种类型，他把这些类型集中地分为三类：标准归纳逻辑、逆反归纳逻辑和随机归纳逻辑。[①] 勃克斯认为，科学家在实验和观察中使用的归纳推理规则，被称为标准归纳推理，它服从这样一种规则：伴随性质 Φ 出现性质 Ψ 的事例增多，以后所伴随出现的性质 Ψ 也必然增加，服从这一规则的标准归纳推理就是标准归纳逻辑。另外，还有逆反归纳逻辑，它服从的规则是：性质 Ψ 伴随性质 Φ 出现的事例增多时，以后与 Φ 相随的性质 ψ 出现的概率不是增加，而是减少。随机归纳逻辑服从的规则是：与性质 Φ 相伴随出现性质 ψ 的概率与过去的经验证据无关，它是独立的、随机的。根据上述三种规则以及相对应的三种归纳逻辑类型，勃克斯给出了它们的一个统一数学模型——“简单现实的归纳逻辑模型”。[②]

该模型是这样定义的：假设模型 M 包含 m 个基本个体和 n 个单一属性，其中 m 和 n 都为正整数，在模型 M 中任何一个逻辑可能世界的建构都可以用人工语言 L 来定义，它具有下列初始符号：给 m 个个体命名 a、b、c 、…；给 n 个单一属性命名 A、B、C、…；逻辑联结词“并且”“或者”“并非”等。L 中的原子语句由属性和一个个体名而构成，例如，Ac。每个原子陈述句和它们的复合句都是 L 的公式。这样的话，根据模型就能够构造出不同归纳逻辑的概率求值公式。

综上所述，勃克斯通过运用标准归纳逻辑的判定方法，使得原子归纳概率陈述的真值得以确定，从而完成了他的归纳概率演算理论，为其归纳逻辑思想体系奠定了坚实的基础。

---

①Arthur W Burks. Chance，Cause，Reason[M]. Chicago：The University of Chicago Press，1977：103.

②Arthur W Burks. Chance，Cause，Reason[M]. Chicago：The University of Chicago Press，1977：104.

第三节 因果模型和归纳概率证明

勃克斯的标准归纳逻辑及其因果模型理论（如前所述，这里的模型指的是最普遍、最一般的形式结构，并非严格意义上的“框架模型”），为他进行因果律的归纳概率证明奠定了坚实的理论基础。

一、标准归纳逻辑的因果模型

通过前面的论述我们可以看到，勃克斯不仅对实用归纳概率理论进行了详细的阐释，而且对因果必然性和归纳概率的关系进行了探讨。他认为，因果必然性是自然律、因果律、因果虚拟句的本质特性。因此，对归纳法的完备解释就必须说明因果条件句怎样被证实以及归纳概率在这一证实过程中起着什么样的作用。如前所述，根据三种不同种类的归纳逻辑定义，对于逆向归纳逻辑来说，正证据的增加反而使归纳概率值减少；对于随机归纳逻辑来说，正证据的增加不影响归纳概率值的增大或减少；而对于标准归纳逻辑来说，正证据的增加会使得归纳概率的值也随之增大，因此实际工作的科学家主要使用标准归纳逻辑。另外，由于实际使用的归纳推理的规则构成标准归纳逻辑，所以归纳概率由标准归纳逻辑加以确定。与之相对应，因果必然性规律的先验概率也应如此。实际上，勃克斯是用标准归纳逻辑的因果模型来测定因果必然性规律的先验概率的。[①]

勃克斯指出，如果 Φ 是因果必然性规律，将它表示为 $\Box^{c}\Phi$，它的含义是对于 Φ 的任何一个因果解释，Φ 都为真。这只是因果必然性规律的必然性方面，作为因果必然性的规律，它还有因果性的一面。对于因果必然性规律 $\Phi\rightarrow_{c}\Psi$，即 Φ 因果蕴涵 Ψ，它要求前件 Φ 与后件 Ψ 是逻辑独立的。如前所述，前后件的逻辑独立性用符号可以表示为：

$$\Phi\bigcirc\Psi=_{DF}(\neg(\Phi\rightarrow\Psi)\wedge\neg(\Phi\rightarrow\neg\Psi)\wedge\neg(\neg\Phi\rightarrow\neg\Psi)\wedge\neg(\neg\Phi\rightarrow\Psi))$$

从上式可以看出，Φ 与 Ψ，Φ 与¬Ψ，¬Φ 与¬Ψ，¬Φ 与 Ψ 均不存在逻辑蕴涵关系。同时，作为原因的前件 Φ 并不能够作为一切事物的原因，因此，Φ 只是作为一切事物的可能原因出现的，即 $\neg\Box^{c}\neg\Phi$ 表示因果可能的 Φ，而后件

① 邓生庆，任晓明 . 归纳逻辑百年历程 [M]. 北京：中央编译出版社，2006：223.

Ψ 并非是一切原因的结果，表示为$\neg\Box^{c}\Psi$。这样的话，严格意义上的因果必然性规律 $\Phi \rightarrow_{c} \Psi$ 应当满足三个条件：（1）$\Phi \bigcirc \Psi$；（2）$\neg\Box^{c}\neg\Phi$；（3）$\neg\Box^{c}\Psi$。

于是，勃克斯用非怪论因果蕴涵来表示 Φ 和 Ψ 的关系：

$\Phi npc\Psi =_{df} (\Phi \rightarrow_{c} \Psi) \wedge (\Phi \bigcirc \Psi) \wedge \Diamond^{c}\Phi \wedge (\neg\Box^{c}\Psi)$①，其中，$\Diamond^{c}$定义为“$\neg\Box^{c}\neg$”。

勃克斯认为科学家在研究自然界到底受什么样的因果必然性规律支配时，会猜想到许多可能的因果必然性规律。在没有任何证据支持哪一种规律更为优越之前，应该同等地看待它们，即赋予它们同等的先验概率，精确地表示上述意思，就是勃克斯给出的标准归纳逻辑的因果模型。该模型是勃克斯为了解释因果律而新建立起来的，它应该把标准归纳逻辑的统计模型的可重复性、模态模型的模态性和元胞自动机（后面对此进行了定义）的时空组织结合起来。勃克斯认为重复性在归纳法中起着重要的作用（比如简单枚举法），因此它既可以预设可重复因素，又可以预设重复性能发生其中的时空系统。时空系统有两种：一种是自然时空系统（比如一个容器中的现实气体），一种是人工定义的系统（比如元胞自动机（cellular automata））。

该模型由 M+1 个可能的因果必然性规律所支配的可能的因果世界 S_a，S_1，…，S_m 组成。其中，S_a 代表现实的因果世界，每个世界 S_i 又由不同的历史组成：U^{i1}，U^{i2}，…，每个历史是不同时空段的世界，例如 S_{a1} 中的 U^{a1} 就表示我们人类所生存和能够观测到的世界，它只是整个现实因果世界 S_a 的局部历史。勃克斯将每个可能的因果世界都用元胞自动机来描述，元胞自动机是离散化的欧几里得时空，由于分割均匀，形成的空间很像无数个方块形状的细胞组合，因此而得名为元胞自动机。该元胞自动机在时间和空间展现出来的状态由一组非时空性质的集合刻画，状态间的变化联系由因果必然性规律支配，因此，因果必然性规律决定了整个元胞自动机的状态变化。因果必然性规律的表达式为：

$\Phi(N(c), t') \; npc \; \Psi(c, t)$

它表示空间区域 c 或者细胞 c 在时刻 t 的状态 Ψ 是由前一时刻 t′ 细胞 c 和同它有共同边界的若干细胞的状态 Φ 决定的，这条因果必然性规律又称为邻接

①Arthur W Burks. Chance，Cause，Reason[M]. Chicago：The University of Chicago Press，1977：428.

因果律，之所以这样命名，是因为勃克斯认为一个区域状态的变化是由其内部和邻接区域所制约的，非邻接区域的影响也要通过邻接区域的传递，所以，决定区域 c 变化的只能是邻接区域 N（c），也就是说不存在任何超距离的影响与制约。

Φ（N（c），t′）npc Ψ（c，t）满足三条预设：[①]

第一，该规律不仅适用于某时空区域，而且适用于整个元胞自动机（整个时空区域）。该预设也称为因果一致性原理，说明因果律在整个元胞自动机上都是一致的。

第二，如果该规律支配某时空区域，那么它对于元胞自动机的大部分区域也适用。可以看出，这条预设是同上一条预设并列的，适合于不同的情形，即似决定论的元胞自动机，而上一条只适合于决定论的元胞自动机。由于似决定论元胞自动机只承认因果性原理在有限区域的存在，因此该预设也被称为因果存在性原理。

第三，由于自然界的因果律是构筑在适合于描述任何时空区域的性质的有限集合基础上，因此，每个时空区域都可以作为这些性质描述的对象。该预设说明组成因果律的有限性质集合可以用来描述每个时空区域的状态，这种状态是由这些有限的基本性质所组成，该条预设也被称为有限变化原理。

这三条预设是建构因果元胞自动机的前提条件，而构成标准归纳逻辑的因果模型中的每个可能的因果世界又等价于元胞自动机，所以这三条预设同时也是标准归纳逻辑因果模型的预设。这样，我们就完成了标准归纳逻辑因果模型的结构组成，它可以对其中的每一个元胞自动机（因果可能世界）赋予等量的概率 1/（M+1），每个因果可能世界所分配的概率又可以继续分配到不同的因果规律所支配的各个历史中。这一步骤就是标准归纳逻辑的因果模型中无条件的归纳概率赋值。该赋值过程分为两步：对该模型的可能世界因果系统的赋值和对这些系统中的因果可能世界进行赋值。它是根据无差别原则进行的，即所有的可能因果系统（因果可能世界）被赋予同等的归纳概率，构成因果可能世界的每一个分支世界也被赋予同等的归纳概率。因为一共有 M+1 个由可能的因果必然性规律支配的因果可能世界，所以每个因果可能世界被赋予 1/（M+1）的归纳概率。由于构成每一个因果可能世界的分支世界有无穷多个，所以不能直

---

① 邓生庆，任晓明 . 归纳逻辑百年历程 [M]. 北京：中央编译出版社，2006：225.

接把相同的概率赋予它们，而是应当赋予给那些出现在某个有穷时空区域中的分支可能世界的部分。

一个因果规律 φ 是因果必然真的规律，只有它在整个因果可能世界中都为真，否则只能成为局部因果规律。经过这一分配过程之后每个因果规律由此获得了不同的先验概率，它表明我们利用标准归纳逻辑能够达到对每个因果规律的“先天”确认度，至于哪个规律是支配自然界现实的因果规律还需要通过进一步的观察实验进行数据检测。勃克斯采用贝叶斯公式修改不同规律的先验概率，当我们有足够的证据修改先验概率时，所得到的最大概率的因果规律就可以被认为是现实的因果规律，所以，利用证据是可以提高作为现实因果规律的确证度的。实际上，上述这些元胞自动机是因果陈述逻辑的模态模型。[①] 每一个基本个体就是一个空间状态，每一个空间状态的析取则构成了该空间的属性。逻辑可能世界由对所有空间指派的赋值组成，而因果可能世界则是满足因果转移规则和初始状态规则（它规定一个因果可能世界的初始时间状态）的逻辑可能世界。

二、因果律的归纳概率证明

勃克斯认为，用贝叶斯方法就可以证明真实的因果律 L，即对于证据 I 而言，因果律 L 的后验概率 P（L）即证据能提高它的确证度。然后，据此作出 L 的归纳概率证明，接受 L 规律。但是，人们所获得的证据 I 都是有限的，因为科学实验和观察不可能在整个无穷的时空中进行，只能在有限世界中进行，有限世界的证据不可能证明整个无穷世界的因果律。

对于这个问题，勃克斯的做法是：用 m 表示标准归纳逻辑的因果模型。由于因果时空世界的无限性，我们从中切割出包含全部证据 I 的时空区域 R 与对应的局部模型 m^f，这样一来，就能够对每个世界及其有限个历史进行概率分配，使之有非零概率。如果 L 是一个因果世界 S 的规律，那么它也应该是该世界在 m^f 内的切割的局部世界的规律，所以，L 在 S 内为真，在 S_f 内也为真，又因为因果必然性规律所满足的预设条件（第一和第二条预设），使得它在局部为真也即它在整体或者整体大部分上都为真。因此，在 S_f 内为真的规律，在 S 内也为

① 李小五．现代归纳逻辑与概率逻辑 [M]. 北京：科学出版社，1992：173.

真，因而有限世界的证据在标准归纳逻辑的因果模型中能够证明无限世界的因果律L。

由此可以看出，关于因果律的归纳概率证明，实际上就是因果必然性和归纳概率的关系问题。如前所述，勃克斯的研究目的就是解决因果必然性的确证问题。而在他的归纳逻辑理论体系中，无论是因果陈述逻辑理论，还是归纳概率演算以及对因果律的证明等，都内在地统一于他对因果必然性和归纳概率的关系问题研究中。我们看到，勃克斯最终解决了这一问题，从而完成了他对因果必然性规律的检验及证明过程。

第四节 因果陈述逻辑

勃克斯在《机遇、因果和推理》一书中指出，对因果陈述逻辑的研究源于他对包含因果陈述句的论证的分析。他并不想按照从自然语言到人工语言这样的思路进行探讨，而是要沿着相反的方向，首先对因果陈述逻辑进行论述，然后将其应用到因果推理。按照这一思路，本节分别对因果陈述逻辑系统和该系统作为自然语言的一个模型进行分析。

一、因果陈述逻辑的理论基础

英国逻辑学家麦柯尔是在现代最早提出严格蕴涵思想的人。他用A：B表示A蕴涵B，用A＜B表示实质蕴涵，即A⊃B。他明确区分了这两种蕴涵：A：B＝□（A⊃B）。可见，“：”就是刘易斯的严格蕴涵符号“→”。严格蕴涵在一定程度上强化了实质蕴涵，克服了它不反映前后件之间的必然性联系的缺陷。

勃克斯在他的因果陈述逻辑系统中，为了更明确地区分“逻辑性”与“因果性”并使它们的一系列对应关系更加清楚，将刘易斯的严格蕴涵看作逻辑蕴涵（→）。如前所述，勃克斯认为传统的四种蕴涵类型（逻辑蕴涵、实质蕴涵、条件归纳、经验概率）无法准确地刻画因果虚拟句，因此，他提出了一种新的蕴涵类型——“因果蕴涵”（→c）。之所以命名为“因果蕴涵”，是因为它在本质上与因果关系密切相关，即创造它的目的是解决因果条件句和因果模态陈述句的形式化问题。

勃克斯在引申并深化刘易斯关于严格蕴涵与模态逻辑思想的基础上，将其应用到因果性模态问题之中，并将模态形式分为两大类：逻辑模态与因果模态。四个逻辑模态符号分别为：逻辑必然“□”、逻辑可能“◇”、逻辑蕴涵“→”、逻辑等值“↔”。与此相对应，四个因果模态符号为：因果必然“$\Box^{c}$”、因果可能“$\Diamond^{c}$”、因果蕴涵“$\rightarrow_{c}$”、因果等值“$\leftrightarrow_{c}$”。这些因果模态形式与逻辑模态形式是类似的，同样，对它们的解释也是类似的。与逻辑模态符号成立的形态——逻辑可能世界相类似，勃克斯提出了“因果可能世界”。因果可能世界的提出，不仅标志着一种新模态形式的诞生，也为我们研究因果问题及其相关理论提供了一个新的思路。

另外，勃克斯有一个重要的哲学思想：必然性是分等级的。也就是说，逻辑必然、因果必然以及实然性根据必然性程度的差异分为不同的层次。这一指导思想对建立因果陈述逻辑系统，尤其是在其结构的建构上，起着重要的作用。比如：$\Box P \supset \Box^{c} P$，读作：必然 P 蕴涵因果必然 P；$\Box^{c} P \supset P$，读作：因果必然 P 蕴涵实然 P。可见，因果必然的必然性程度居于逻辑必然和实然性之间，它的这一桥梁作用使得我们对逻辑必然性与实然性的关系有了一个新的认识。与必然性这种等级划分相对应，勃克斯按照强弱差别的不同将蕴涵也划分为三个级别，即逻辑蕴涵（严格蕴涵）、因果蕴涵和实质蕴涵（普通蕴涵），它们之间的关系如下：$(P \rightarrow Q) \supset (P \rightarrow_{c} Q)$，读作：严格蕴涵蕴涵因果蕴涵；$(P \rightarrow_{c} Q) \supset (P \supset Q)$，读作：因果蕴涵蕴涵实质蕴涵。由此可以看出，以上三种必然性和三种蕴涵式的强弱程度分别从形式上得到了刻画和描述，而勃克斯的这一思想以及由此产生的等级划分也是他一步步建立因果陈述逻辑系统的基础和关键。

二、因果陈述逻辑系统

因果陈述逻辑系统继承了经典逻辑的核心内容，它由一个非模态性的一阶逻辑演算（或者不包含等词的一阶函数演算）加上一组关于逻辑形态的模态词（“必然”“可能”）以及一组关于因果形态的模态词（“因果必然”“因果可能”）的演算而构成。本节具体阐述这一形式系统。①

①Arthur W Burks. Chance，Cause，Reason[M]. Chicago：The University of Chicago Press，1977：363-382.

（一）形式结构

因果陈述逻辑的语形部分由语法、公理、证明和定理、元定理、推导规则构成。

1. 语法

根据对初始符号的解释，将其分为两类：逻辑常元和逻辑变元。其中，逻辑常元有真值函项“¬”（否定）和“∨”（析取）以及左右括号（用于标点和量词），全称量词符号“∀”，还有模态符号“□”（逻辑必然）和“$□^c$”（因果必然）。除了逻辑常元之外，这一系统还包括下述类型的逻辑变元：

陈述句变元：A、B、P、Q、A_1、B_1 等；

个体词变元：a、b、x、y、x_1、x_2 等；

谓词变元：A、B、C、A_1、A_2、B_1、B_2 等。

这里的变元符号 A、B 究竟是表示哪类变元，可以由上下文确定，并不会产生混淆。在定义中，规定大写的希腊字母表示公式，小写的希腊字母表示个体词变元和谓词变元。可见，希腊字母在定义中是被当作变元使用的，它们不属于形式语言本身，而是属于用来讨论形式语言的元语言。

勃克斯强调，因果陈述逻辑的初始符号要按照标准的解释方式，即经典逻辑的解释形式，比如“∨”的意义为“或者”等。模态符号要根据逻辑可能世界、因果可能世界以及现实世界的模型来解释。一个非模态公式 Φ 的真值要由现实世界的情况来确定。如果 Φ 包含非模态符号，那么□Φ 为真当且仅当 Φ 在所有的逻辑可能世界上都为真，$□^c$Φ 为真当且仅当 Φ 在所有的因果可能世界上都为真。另外，“重复模态词”由于自身的重复性和无意义性，被勃克斯从因果陈述逻辑中排除了出去。

下面是因果陈述逻辑系统的一些定义：①

[1a] $\Phi \,\&\, \Psi\ (\Phi \wedge \Psi) =_{df} \neg(\neg\Phi \vee \neg\Psi)$（由“析取”定义“合取”）

读作：Φ 并且 Ψ，定义为：并非或者¬Φ，或者¬Ψ。

[1b] $(\exists\alpha)\,\Phi =_{df} \neg(\forall\alpha)\neg\Phi$（由“全称量词”定义“存在量词”）

读作：有 α 使 Φ 为真，定义为：并非对于所有的 α，非 Φ 都真。

①Arthur W Burks. Chance，Cause，Reason[M]. Chicago：The University of Chicago Press，1977：344-345.

[1c] $\Diamond\Phi =_{df} \neg\Box\neg\Phi$（逻辑可能的定义）

读作：逻辑可能 Φ，定义为：并非逻辑必然非 Φ。“◇”与“□”属于逻辑模态符号，为了与因果模态符号“$\Diamond^c$”和“$\Box^c$”相区别，分别称“◇”与“□”为“逻辑可能”和“逻辑必然”。

[1d] $\Diamond^c\Phi =_{df} \neg\Box^c\neg\Phi$（因果可能的定义）

读作：因果可能 Φ，定义为：并非因果必然非 Φ。

[1e] $\Phi\supset\Psi =_{df} \neg\Phi\vee\Psi$（实质蕴涵的定义）

读作：Φ 实质蕴涵 Ψ，定义为：非 Φ 析取 Ψ。

[1f] $\Phi\rightarrow\Psi =_{df} \Box(\Phi\supset\Psi)$（逻辑蕴涵的定义）

读作：Φ 逻辑蕴涵 Ψ，定义为：必然的，Φ 实质蕴涵 Ψ。

[1g] $\Phi\rightarrow_c\Psi =_{df} \Box^c(\Phi\supset\Psi)$（因果蕴涵的定义）

读作：Φ 因果蕴涵 Ψ，定义为：因果必然的，Φ 实质蕴涵 Ψ。很明显，这一定义是对逻辑蕴涵定义的类推得到的。

[1h] $\Phi\equiv\Psi =_{df} (\Phi\supset\Psi)\wedge(\Psi\supset\Phi)$（实质等值的定义）

读作：Φ 实质等值于 Ψ，定义为：Φ 实质蕴涵 Ψ，并且，Φ 实质蕴涵 Φ。

[1i] $\Phi\leftrightarrow\Psi =_{df} \Box(\Phi\equiv\Psi)$（逻辑等值的定义）

读作：Φ 逻辑等值于 Ψ，定义为：必然的，Φ 实质等值于 Ψ。

[1j] $\Phi\leftrightarrow_c\Psi =_{df} \Box^c(\Phi\equiv\Psi)$（因果等值的定义）

读作：Φ 因果等值于 Ψ，定义为：因果必然的，Φ 实质等值于 Ψ。

2. 公理（三类公理模式）

（1）真值函项公理

由于在因果陈述逻辑系统中判定真值函项公理的方法与步骤和经典逻辑一致，故在此不再赘述。

（2）量词公理

下面的规则定义了三种形式的量词公理，具体包括：[①]

[3a]（消去不相关的量词）如果 α 在 Φ 中不自由出现，那么 $(\forall\alpha)\Phi\equiv\Phi$ 是公理。

①Arthur W Burks. Chance，Cause，Reason[M]. Chicago：The University of Chicago Press，1977：347.

[3b]（量词分配）$\forall\alpha(\Phi\supset\Psi)\supset(\forall\alpha\Phi\supset\forall\alpha\Psi)$ 是公理。

[3c]（全称例示）令 Ψ 是以个体变元 β 代入 Φ 中 α 的所有自由出现的结果，如果 Ψ 中自由变元出现的次数与 Φ 中自由变元出现的次数同样多，那么 $\forall\alpha(\Phi\supset\Psi)$ 是公理。

（3）模态公理

勃克斯指出，因果陈述逻辑的建构源于一个非模态系统，即不带等词的一阶量词理论，以此为基础，在这一系统中加入了模态符号“□”和“$\Box^c$”等以及规范这些符号的规则。下面的六个公理便体现了因果陈述逻辑的模态特性以及模态算子的本质特征。

[4a] $\Box\Phi\supset\Box^c\Phi$（逻辑必然蕴涵因果必然）

[4b] $\Box^c\Phi\supset\Phi$（因果必然蕴涵实然）

上述的两个公理是按照模态的强弱来排序的，[4a] 表示逻辑必然性强于因果必然性，[4b] 表示因果必然性强于实然性。

[4c] $\Box(\Phi\supset\Psi)\supset(\Box\Phi\supset\Box\Psi)$（一般模态算子的分配）

[4d] $\Box^c(\Phi\supset\Psi)\supset(\Box^c\Phi\supset\Box^c\Psi)$（因果模态算子的分配）

[4c] 和 [4d] 这两个公理是运用了模态算子的分配原则得到的。我们看到，“逻辑必然”和“因果必然”都能够对实质蕴涵的前件和后件进行模态算子分配，从而得到相应的公理。

[4e] $\forall\alpha\Box\Phi\equiv\Box\forall\alpha\Phi$

[4f] $\forall\alpha\Box^c\Phi\equiv\Box^c\forall\alpha\Phi$

（4）公理的形成

因果陈述逻辑的公理类是通过递归定义而得到的，前述公理模式（1）～（3）中的规则 [2]、[3]、[4] 给出的是生成公理的初始步骤，而下述规则给出的则是生成公理的一般步骤。

[5] 如果 Φ 是一个公理，那么 $\forall\alpha\Phi$ 也是一个公理；如果 Φ 是一个不包含□或者 $\Box^c$ 的公理，那么 $\Box\Phi$ 是一个公理。

例如，假设排中律“$Px\vee\neg Px$”是一个公理，所以“$\forall x(Px\vee\neg Px)$”和“$\Box(Px\vee\neg Px)$”也是公理。我们看到，排中律“对所有的 x”和“必然”都成立，这与假定也是一致的。

3. 证明和定理

在语法和公理的基础上，勃克斯对证明和定理进行了定义。在因果陈述逻辑的系统中只有一个初始的推理规则，即

[6] 如果（Φ_1，Φ_2，…，Φ_n）$\supset\Psi$ 是公理，那么 Ψ 可以从 Φ_1，Φ_2，…，Φ_n 中推出来。Ψ 就是 Φ_1，Φ_2，…，Φ_n 的直接后承。

勃克斯指出，“证明”和“定理”的概念根据这一直接推论（immediate consequence）而得到定义。即是说，证明就是对这一初始推理规则的反复使用。证明分为两类，一类是无条件的证明（a categorical proof）或者叫直接证明，另外一类就是有前提的证明（a proof from premises）。无条件的证明就是一个有穷的公式序列，其中每一个公式都是一个公理或者前面公式的直接推论。这一证明的最后一个公式便是定理（我们用“$\vdash\Psi$”表示 Ψ 是一个定理）。与无条件的证明不同，有前提的证明是这样一个有穷的公式序列，它使得序列中的每一个公式或者是前提，或者是公理，或者是序列中前面公式的直接推论。我们用 Φ_1，Φ_2，…，$\Phi_n\vdash\Psi$ 表示对 Ψ 的证明。由此，我们看出，这些内容无非是对经典数理逻辑中一些概念的简单重复。但是，值得注意的是，勃克斯的创新之处恰恰在于他将这套理论搬到了带有因果必然算子（$\Box^c$）的因果陈述逻辑的系统中，并且十分适用，用勃克斯本人的话说，“一个演绎论证的普遍概念在我们的形式语言（因果陈述逻辑）中根据有前提的证明而得到了模拟”。[①] 下面，我们举例（有前提的证明）来说明这一模拟：

（1）$\Box^c(x)(Gx\wedge Ax\supset Dx)$ 约定的前提

（2）$(x)\Box^c(Gx\wedge Ax\supset Dx)\equiv\Box c(x)(Gx\wedge Ax\supset Dx)$ 对（1）使用模态量词交换

（3）$(x)\Box^c(Gx\wedge Ax\supset Dx)$ 对（1）和（2）使用真值函项公理得到的一个直接推论

（4）$\Box^c(Gr\wedge Ar\supset Dr)$ 对（3）使用全称例示得到的一个直接推论。所以，$\Box^c(x)(Gx\wedge Ax\supset Dx)\vdash\Box c(Gr\wedge Ar\supset Dr)$。

从这一例子中我们不难发现，勃克斯正是以经典数理逻辑为基础和核心，

①Arthur W Burks. Chance，Cause，Reason[M]. Chicago：The University of Chicago Press，1977：351.

将因果算子加入其中，从而得到具有因果性模式的归纳推理和论证。而这一点，也正是我们理解因果陈述逻辑形式结构的关键所在。另外，该系统的一些推理规则、元定理也是我们正确把握因果陈述逻辑理论的一个重要途径。具体表现在以下几个方面：

第一，推理的导出规则：

[7a] 如果 Φ_1，Φ_2，…，Φ_{n-1}，$\Phi_n \vdash \Psi$，那么 Φ_1，Φ_2，…，$\Phi_{n-1} \vdash \Phi_n \supset \Psi$（条件证明规则）。

[7b] 如果 $\neg\Phi \vdash \Psi \wedge \neg\Psi$，那么 $\vdash \Phi$（归谬证明规则）。

[7c] 如果 Φ_1，Φ_2，…，Φ_n，$\neg\Psi \vdash \Psi$，那么 Φ_1，Φ_2，…，$\Phi_n \vdash \Psi$（归谬证明规则）。

第二，概括规则：

在勃克斯的因果陈述逻辑系统中，“概括规则”一共有六个，这里列举其中比较有新意的两个，即引入了因果模态词“因果必然”和“因果可能”的两个规则：

[8b] 如果 Φ_1, Φ_2，…, $\Phi_n \vdash \Psi$，那么 $\Box^c\Phi_1$，$\Box^c\Phi_2$，…，$\Box^c\Phi_n \vdash \Box^c\Psi$。

[8e] 如果 $\Phi \vdash \Psi$，那么 $\Diamond^c\Phi \vdash \Diamond^c\Psi$。

第三，元定理中附加的分配原理：

[10a] $\vdash (\Box^c\Phi \wedge \Box^c\Psi) \equiv \Box^c(\Phi \wedge \Psi)$

[10b] $\vdash (\Diamond^c\Phi \vee \Diamond^c\Psi) \equiv \Diamond^c(\Phi \vee \Psi)$

[10c] $\vdash (\Box^c\Phi \vee \Box^c\Psi) \supset \Box^c(\Phi \vee \Psi)$

[10d] $\vdash \Diamond^c(\Phi \wedge \Psi) \supset \Box^c\Phi$

以上这些元定理都是可以证明的，以 [10a] 的证明为例：

证明：

（a）Φ, $\Psi \vdash \Phi \wedge \Psi$	TF（真值函项公理，缩写为“TF”）
（b）$\Box^c\Phi$, $\Box^c\Psi \vdash \Box^c(\Phi \wedge \Psi)$	概括规则（a）
（c）$\vdash \Box^c\Phi \supset (\Box^c\Psi \supset \Box^c(\Phi \wedge \Psi))$	条件证明规则（b）
（d）$\Phi \wedge \Psi \vdash \Phi$	TF
（e）$\Box^c(\Phi \wedge \Psi) \vdash \Box^c\Phi$	概括规则（d）
（f）$\vdash \Box^c(\Phi \wedge \Psi) \supset \Box^c\Phi$	条件证明规则（e）

(g) $\vdash\Box^{c}(\Phi\wedge\Psi)\supset\Box^{c}\Psi$ 与(d)(e)(f)相同

(h) $\vdash(\Box^{c}\Phi\wedge\Box^{c}\Psi)\equiv\Box^{c}(\Phi\wedge\Psi)$ TF,(c)(e)(f)

第四,附加的模态排序原理:

[11a] $\vdash\Box\Phi\supset\Phi$(模态排序,TF)

[11b] $\vdash(\Phi\rightarrow\Psi)\supset(\Phi\rightarrow_{c}\Psi)$(模态排序,[1f][1g])

[11c] $\vdash(\Phi\rightarrow_{c}\Psi)\supset(\Phi\supset\Psi)$(模态排序,[1g])

[11d] $\vdash(\Phi\rightarrow\Psi)\supset(\Phi\supset\Psi)$([11b] [11c]TF)

[11e] $\vdash\forall\alpha(\Phi\rightarrow\Psi)\supset\forall\alpha(\Phi\rightarrow_{c}\Psi)$(概括、量词分配 [11b])

[11f] $\vdash\forall\alpha(\Phi\rightarrow_{c}\Psi)\supset\forall\alpha(\Phi\supset\Psi)$(概括、量词分配 [11c])

[11g] $\vdash\forall\alpha(\Phi\rightarrow\Psi)\supset\forall\alpha(\Phi\supset\Psi)$(TF[11e] [11f])

[11h] $\vdash\Phi\supset\Diamond^{c}\Phi$(模态排序,[1d],TF)

[11i] $\vdash\Diamond^{c}\Phi\supset\Diamond\Phi$(模态排序,[1d],TF)

[11j] $\vdash\Phi\supset\Diamond\Phi$([11h] [11i]TF)

我们看到,[11a] ~ [11j] 表明,"逻辑必然"强于"因果必然",更强于实然;"逻辑蕴涵"强于"因果蕴涵",更强于实质蕴涵。

第五,关于存在概括的元定理:

[12] 令 Ψ 是以个体变元 β 代换 Φ 中 α 的所有自由出现的结果,如果 Ψ 恰好有 Φ 那么多自由变元出现,则 $\vdash\Psi\supset(\exists\alpha)\Phi$。

[13b] $\vdash\forall\alpha(\Phi\rightarrow_{c}\Psi)\wedge\forall\alpha(\Phi\rightarrow_{c}\theta)\supset\forall\alpha(\Phi\rightarrow_{c}\theta)$(传递律)

[13d] $\vdash\forall\alpha(\Phi\rightarrow_{c}\theta)\supset\forall\alpha(\Phi\wedge\Psi\rightarrow_{c}\theta)$(附加多余条件律)

[13f] $\vdash\forall\alpha(\Phi\wedge\Psi\rightarrow_{c}\theta)\equiv\forall\alpha(\Phi\wedge\neg\theta\rightarrow c\neg\Psi)$(易位律)

[13h] $\vdash\forall\alpha(\Phi\wedge\Psi\rightarrow_{c}\theta)\equiv\forall\alpha(\Phi\rightarrow_{c}(\Phi\supset\theta))$(引出律)

与另外四个没有写出的"省去全称量词的公式"相比,上述四个定理更能体现出"因果蕴涵"的重要特征。

综上所述,以上就是因果陈述逻辑系统的语形部分,它的主要特点在于:第一,经典的一阶谓词逻辑成为它的一个特例(无模态词);第二,因果陈述逻辑作为公式、推理规则、证明与定理组成的形式语言系统已经有了关于公式公理与证明定理的判定算法。

（二）语义解释

一个逻辑系统的语形和语义是它成立的基础，因果陈述逻辑也不例外。通过对因果陈述逻辑的形式结构进行分析，我们对这一系统已经形成了初步的认识。以此为基础，因果陈述逻辑系统的语义解释也可以得到清晰的说明。勃克斯强调，形式语言的解释可以分为两种不同的类型：理想化的解释（an abstract interpretation）和实在的解释（an concrete interpretation）。[①] 为了突出主题，我们只考虑理想化的解释。这种抽象的解释以两个理想化的系统之间的关系为研究对象，即形式语言（L）和模型集合（M）。也就是说，一个公式的解释是通过在一个模型中运用规则给该公式指派真值而得到的。如前所述，通常的模态逻辑所对应的解释往往是借助于可能世界语义学得到的，勃克斯正是抓住这一思想，并且将其贯穿到因果性方面，从而构建了一个全新的语义——因果可能世界，为我们开辟了新的思维空间。

用来解释因果陈述逻辑的模型，勃克斯称之为“模态模型”，它们是一般模型 M-L 的扩张。勃克斯强调，对 M-L 进行扩展的目的，就是使它们能够解释因果必然性（$\Box^c$）及其他的一些因果概念。作为一个整体，M-L 是一个非常简单的实在模型，它包括语言 L 和表征现实的相应模型 M。L 用来描述 M 的符号，比如个体常元用来命名个体；谓词常元、真值函项联结词用来表示基本的性质、关系。更进一步，在新模型中，L 可能包括任何程度的谓词常元以及无穷多的个体常元，相应地 M 可能包括任何程度的关系以及无穷多的个体。同时，在新模型中 L 还将包含三种类型的变元，即个体变元、谓词变元和陈述句变元。另外，它还包括量词，以及模态算子“$\Box$”（必然）和“$\Box^c$（因果必然）”。

如前所述，正如对“$\Box\Phi$”和“$\Box^c\Phi$”、“$\Diamond\Phi$”和“$\Diamond^c\Phi$”的解释一样，“因果可能世界”这一概念是对一般的“可能世界”概念的继承和推广。勃克斯的这种寓因果模式于普遍的模态模型的思想是一种极大的创新，对于我们进行归纳逻辑的研究具有重要的启发意义。

由上述内容可知，用来解释因果陈述逻辑的模态模型 M-L，被赋予了“因果性”的内涵，即在一般的模态模型基础上对其进行了扩展，使得它与因果陈

①Arthur W Burks. Chance，Cause，Reason[M]. Chicago：The University of Chicago Press，1977：352.

述逻辑的形式结构具有内在的一致性。从整体上看，整个模态模型的基本结果是一一对应的。主要表现在：M 的基本实体和 L 的非逻辑常元之间存在着一一对应的关系。L 的每一个个体常元都为 M 的一个基本个体命名，每一个 N 级谓词都对应着一个 N 级基本性质。

语言 L 包含一个关于各种各样模型的世界描述的网络结构，这一结构的形成是建立在原子陈述句的基础之上的。原子陈述句由一个有 N 个（N=1，2，3，…）个体常元的序列加上一个 N 级谓词常元前缀所组成，也就是最基本的、不可分解的陈述句。之后，勃克斯又引入了“原子陈述句的合取”概念。它是指由所有相关的原子陈述句的合取所组成的特殊序列，对其中的每一原子陈述句或者取其肯定或者取其否定。于是，整个模态模型 M-L 的世界描述集合，就可以由 L 中原子陈述句基本合取的非空集合构成。这里需要强调的一点是，勃克斯提出的“世界描述”概念是从卡尔纳普的“状态描述”演变过来的，这也是勃克斯对“原子陈述句”及“基本合取”进行论述的根本原因。勃克斯指出，关于世界描述的一个非空集合被称为“因果可能世界描述集合”，与因果必然性相对应，M 包括因果可能世界、逻辑可能世界和现实世界。很明显，语言 L 的世界描述的网络结果就对应于理想的实体域 M 中的世界网络结构。L 的每个“世界描述”都精确地刻画了逻辑可能世界，对它的扩展，即 L 的每个“因果可能世界描述”则刻画的是因果可能世界，而 L 的每个“真实世界描述”则刻画的是现实世界。由此可以看出，勃克斯所构造的模态模型是对一般模态模型进行改造后的结果，他以“因果可能世界”为核心，并且将“逻辑可能世界”与“现实世界”连接起来，从而使得三种世界描述达到了统一。

在此基础上，就可以用 M 来解释语言 L 中的语法表达式以及公式。通过定义“Φ 在 M-L 中为真”，勃克斯提出四种定义（解释）规则：①

（1）对量词进行解释。将量词转换成相对应的真值等式，这些等式覆盖了所有的模型例示。比如全称量词可以解释为真值函项合取式，而特称量词则根据它们的定义表达式转换为真值函项的析取式。如果模型 M-L 有无穷多个体，那么上述的转换结果将是无穷长的序列。

①Arthur W Burks. Chance，Cause，Reason[M]. Chicago：The University of Chicago Press，1977：418-419.

（2）对个体常元、谓词常元进行解释。这一解释是通过与M中给定世界有关的原子陈述句的真值而得以确定。例如，一个原子陈述 $\Phi_{\alpha 1}$，$\Phi_{\alpha 2}$，…，$\Phi_{\alpha n}$ 在给定世界为真，当且仅当相应的个体序列 α_1，α_2，…，α_n 确实具有相关的性质。

（3）对出现在公式中（有穷表达式）的真值函项常项进行解释。这一解释是按照它们的真值表定义而给出的，即一个析取式（合取式）为真当且仅当它的某个析取支（所有合取支）为真，否则为假。我们知道，因为在M的每个世界中，每个原子陈述都有一个确定的真值，所以L中公式的真值情况也得以确定。以上这些规则或者是数理逻辑中所熟悉的，或者是它的自然推广。这样的话，由于模态算子不是重复出现的以及量词已经被消除，那么Φ就是以下三种形式组成的真值函项：$\Box\Psi$（逻辑必然）、$\Box^c\Psi$（因果必然）、Ψ（非模态的）。于是，任一闭公式的真值赋值就可以按照如下方式进行：按照在M的所有逻辑可能世界中是否为真，以“1（真）”或者“0（假）”代替$\Box\Psi$；按照在M的所有因果可能世界中是否为真，以“1”或者“0”代替$\Box^c\Psi$；按照在M的所有现实世界中是否为真，以“1”或者“0”代替Ψ。同样，对于“$\Diamond^c\Psi$”则解释为：在M中至少有一个因果可能世界是否为真，都以“1”或者“0”代替，而“$\Diamond\Psi$”的解释是：在M中至少有一个逻辑可能世界是否为真，以“1”或者“0”来代替。

综上所述，“因果可能世界”是对一般可能世界语义学的继承和推广。无论是对“必然”的解释，还是对“可能”的解释，都出自一般模态逻辑。可见，在勃克斯的因果陈述逻辑理论中，模态逻辑及可能世界语义学理论处于基础性的地位，起着十分重要的作用。

关于因果陈述逻辑系统中逻辑真的定义及思想，勃克斯在对因果可能世界的基本概念进行解释时，就已经提出来了，具体表现为下述四种形式：

（1）$\Box^c\Phi$ 为真当且仅当Φ在所有的因果可能世界上都为真；

（2）$\Diamond^c\Phi$ 为真当且仅当Φ在某个因果可能世界上为真；

（3）$\Phi\rightarrow_c\Psi$ 为真当且仅当 $\Phi\supset\Psi$ 在所有的因果可能世界上都为真；

（4）$\Phi\leftrightarrow_c\Psi$ 为真当且仅当 $\Phi\equiv\Psi$ 在所有的因果可能世界上都为真。

一般地，因果陈述逻辑的公式Φ为逻辑真，当且仅当在每一个模态模型中，对Φ的每一个解释都为真。可以检验，在因果陈述逻辑系统中，每一个公理、直接证明公式、定理都是逻辑真的。而当定理 Φ 是逻辑真时，¬Φ 就不是逻辑真的。因此，因果陈述逻辑具有一致性。

也就是说，在因果陈述逻辑系统中，勃克斯证明了它的每个定理都是逻辑真的，否则，在该系统中，每一个公式都可以是一个定理，那么该系统就毫无可靠性可言，也是没有用的了。

当然，因果陈述逻辑的解释仅仅是针对因果模态的，它并不包括所有关于模态的逻辑真定理。所以，在这一点上，因果陈述逻辑作为一阶量词理论的一个模态扩张，它也受到很多限制，比如关于数学分析的真陈述便不能在该系统中得到表达等，按照因果陈述逻辑的形式化内容，它在逻辑真的小范围内具有一定的局限性。

在前面的内容中，我们已经对因果陈述逻辑所构建的关于公式、公理以及证明的判定算法进行了详尽的阐述，比如要确定一个符号序列是否是一个公式，一个公式序列是否是一个证明，等等。很显然，如果对所构造的形式语言的解释是成功的，那么它的所有定理都是真的。于是“公式”和“证明”的概念便成为一个形式语言的核心，相应地，对于因果陈述逻辑来说，勃克斯在经典逻辑的基础上成功地运用“因果必然”“因果可能”以及“因果蕴涵”等概念对含有因果算子的真公式进行了证明，并构造了属于因果陈述逻辑系统的独特的公理、定理。

总之，勃克斯构造的因果陈述逻辑系统，无论是语形，还是语义解释，都是符合逻辑系统的构造规则的，并且从整体上看，其中的定理、元定理及一些重要的推理规则，其证明都是正确而有效的。

笔者认为，作为一种形式语言，因果陈述逻辑系统向我们展示了这种逻辑形式的独特性：将“因果性（包括因果必然和因果可能）”作为逻辑算子加入该逻辑系统中，与经典的数理逻辑一起构成一种新的逻辑体系。另外，它包含着存在于某些“公理”和构造的“复合式”之间的严格区别：初始符号和公式，公理和定理，推论的初始规则和导出规则。而自然语言并不包含这些差别，尽管词素和语句之间的差别类似于初始符号和公式之间的差别，但是前者较后者相比，缺乏严格的形式刻画。除此之外，作为一种形式语言，因果陈述逻辑在结构上是高度地形式化的，比如它有许多判定算法来判定公理、定理和公式。

很显然，因果陈述逻辑的结构在上述方面与自然语言的结构是截然不同的。因果陈述逻辑除了作为一种形式语言之外，还可以被看作自然语言的一个模型（这里的“模型”指的是用来描述自然语言的一形式化表达方式，并非严格意义上的克里普克框架模型），来模拟某些科学论述和一般陈述。它是一种非常有用的模型，可以用来模拟包含因果陈述的演绎论证。但是有两点需要注意：首先，一个论述并不总是通过它本身来表达意义或者内容，它的意义可能取决于其语境，这点对于一个论证也同样有效。其次，在确定一个自然语言论证是否有效时，运用一种形式语言来刻画它是一个很好的方法，但是对其形式化之后并不能减少其有效性。另外，我们使用因果陈述逻辑来模拟自然语言的论证时，对它的解释是具体的、现实的，而不是像前面的论述中对因果陈述逻辑的解释是抽象的、理想化的，这也是因果陈述逻辑在扮演不同的角色时所发挥的不同作用的具体体现。

三、因果陈述逻辑的应用

勃克斯通过阐述因果律的本质特性以及因果虚拟句和因果模态之间的关系，论证了因果陈述逻辑能够作为自然语言的一个模型，并从形式上对其进行了刻画，从而解决了因果律的形式化问题，这是因果陈述逻辑作为一个形式系统所具有的重要应用价值。

（一）自然律的形式化表达前提

并不是所有的科学理论都能够在因果陈述逻辑中得到模拟，某些规律和理论本质上是概率性质的，所以应当在概率逻辑中得到刻画。而因果陈述逻辑，它只能模拟自然律（law of nature）。原因就在于自然律具有三个根本特征：

第一，唯一性。这种唯一性使得自然律包含一个单值的数学函数，即当在 t_1 时刻在某系统中应用某个性质 A，那么在 t_2 时刻就会在该系统中得到一个新的并且是独一无二的性质 B。其实勃克斯强调的自然律的唯一性和函数理论中的单射是相吻合的。从总体上说，自然律能够在不同的时刻与一个系统的不同状态有机地结合起来，这也正是它具有唯一性的具体体现。因果陈述逻辑是一种形式语言，形式语言是高度机械化及算术化的，它只能对这种具有确定并唯一的自然律进行形式刻画，否则便会出现类似于机器语言对于人工语言的不识别现象。而经验概率理论、决定论则不具有这种特征，因此它们无法在因果陈述逻辑中得到形式刻画。

第二，模态性。具体表现在：一个自然律是一个普遍的规则，或者是在许多限定条件下都成立，用来描述事情连续发生的一个规律，或者涵盖了许多可能的状况。由于因果陈述逻辑是包含逻辑模态形式和因果模态形式的演算，所以，具有模态性才使得自然律能够确保对因果必然性（$\Box^c$）的正确使用。

第三，不变性。我们知道，自然律作为一种极其稳定的规律形式，从时间和空间上看一般不会发生变化，而这一点也恰恰符合因果必然性的逻辑特征，它的必然性程度低于逻辑必然性，但是高于实然性。自然律的时空不变性与因果必然性的成立条件是一致的，因此，这一点也是因果陈述逻辑能够对其进行模拟的重要因素。

关于因果律的含义，我们可以这样表达：按照原因和结果的形式表达一个自然律，所得到的规律形式就是因果律。比如，“在没有其他外力的条件下，一个磁场会引起电子的运动方向发生偏转”表达的就是一个因果律，其中“磁场是原因”，而“电子运动方向的偏转”则是结果。由于因果必然性在非因果律的自然律和因果律的自然律中都能够得以运用，因此，这种使用方法使得因果必然性概念成为一个技术性的短语。通过对自然律和因果律定义的比较可以看出，自然律是对因果律的概括、总结，而因果律则是自然律的特殊形式，是自然律一般形式的因果转化及扩张。由此看出，正是由于因果律所具备的上述三个基本特征，才使得它与因果陈述逻辑具有一致性和统一性，从而能够在该理论中得到形式化的描述和表达。

（二）因果虚拟句的形式刻画

因果律的陈述形式，有一个本质的、共同的特点，即在恰当的语境中，它们暗含着在虚拟语气中表达的反事实条件，关于这一点，勃克斯在因果陈述逻辑中对其进行了形式刻画。因此，从这一意义上说，我们能够通过对反事实的因果条件句（因果虚拟句）进行形式化描述的方法来分析因果律的形式化问题。

先来看一个例子，它的大前提表达的是一个因果律：

所有金子（G）做的物体在王水（硝酸、硫酸、盐酸按照比例配制而成的混合液体）（A）中都会溶解（D），

这个戒指（r）不是金子做的并且它被放在王水中，

所以，如果这个戒指是金子做的并且被放在王水中，那么它就会溶解。

我们看到，该例子的结论使用的是一个虚拟式，这表明它是因果可能的。尽管虚拟式并不是一个真正的语句，但是在接下来的分析和论述中我们将把它看作一个语句，才能对包含它的论证进行符号化。

上述论证可以被形式化为：

$\forall x((Gx \wedge Ax)\ \mathrm{npc}\ Dx)$

$\neg(Gr \wedge Ar)$

$\therefore \neg(Gr \wedge Ar) \wedge ((Gr \wedge Ar)\ \mathrm{npc}\ Dr)$

根据全称例示和真值函项规则，该形式是有效的论证。在这里需要说明的一点是，该论证中出现的“npc”指的是“非悖论因果蕴涵（nonparadoxical causal implication）”，它是由勃克斯独创的，为了避免因果蕴涵悖论而被提出来的，属于因果蕴涵中的一种。关于非悖论因果蕴涵的含义及特征，文章将在后面予以解释。

再来看一个与上述论证相类似的例子：

放在那张桌子上（desk）的所有的书（books）都是用意大利语（Italian）编写的，

这个东西（t）放在那张桌子上，但它不是一本书，

所以，如果这个东西是一本书并且放在那张桌子上，那么它就会是用意大利语编写的。

同样，该论证可以被形式化为：

$\forall x((Bx \wedge Dx) \supset Ix)$

$\neg(Bt \wedge Dt)$

$\therefore \neg(Bt \wedge Dt) \wedge ((Bt \wedge Dt)\ \mathrm{npc}\ It)$

从表面上看，这一论证形式和之前所举例的形式是一样的，实际上却不是。“金戒指在王水中溶解”的论证是有效的，而这一论证形式却是无效的。根本原因就在于该论证的大前提“放在那张桌子上的所有的书都是用意大利语编写的”是一个实质蕴涵，是一个完全关于现实世界的全称命题，它并没有传达非现实的可能世界的任何信息。而前一个有效论证的大前提“所有金子做的物体在王

水中都会溶解”是一个表达因果可能性的全称命题，也就是说，它是一个具有因果模态性质的自然律，而无效论证的大前提则是一个实实在在的、与因果模态无任何关系的实然命题，不是自然律，当然更算不上属于因果律了。我们看到，两个论证之间的差别，实质上是因果全称命题和实质全称命题之间的差别。在论证中小前提都是因果虚拟语句的条件下，因果全称命题暗指与事实相反的条件，而实质全称命题则没有。另外，通过勃克斯对因果陈述逻辑的构造可以得知，因果必然性蕴涵实质必然性，实质必然性的等级要低于因果必然性，因此，在论证中小前提都是反事实的条件下，由一个因果全称命题作为大前提的论证是有效的，而一个实质全称命题作为大前提的论证则是无效的。

通过上述两例可以看出，尽管二者最主要的差别在于大前提的命题性质，但是从某种程度上说，小前提的虚拟式特性是决定大前提应当具有什么样的命题性质，整个论证才是有效论证的关键因素。笔者认为，从大前提和小前提之间的逻辑关系来看，因果模态和虚拟式之间有一种特殊的联系。这种特殊的联系具体表现在：

第一，因果模态和虚拟式之间的关系可以是直接、简单、明确的。由于两个论证的小前提都用了英语单词“would”，即表示虚拟、假设、条件的词语“会、就会”，因此倘若要保证整个论证的有效性，大前提必须形式化为非悖论因果蕴涵，而不能形式化为实质蕴涵。因果全称命题“所有金子做的物体在王水中都会溶解”可以用一个虚拟式来表达——“如果将一个金子做的物体放在王水中，那么它就会溶解”，而实质全称命题“放在那张桌子上的所有的书都是用意大利语编写的”则是一个直接陈述句，无法用虚拟式来表达。所以，因果模态与虚拟式所体现的思想是一致的，二者之间内在的逻辑联系是确保一个它们所构成的论证具有有效性的必要条件。

第二，除了上述这种简单、一致的关系之外，因果模态和虚拟式之间的关系在不同的语境下，将会呈现不同的情况。我们知道，“所有金子做的物体在王水中都会溶解”这个因果模态命题之所以能够成立，除了“金子”在“王水”中具有溶解性这一化学特征之外，还有许多其他因素，这就是前面提到的语境问题，在这里则表现为一些自然的、物理的因素，比如空气的湿度、王水的温度等等。只有在全部条件都合适的情况下，该因果模态命题才能成立，也才能被形式化为一个非悖论因果蕴涵命题。否则的话，它也只能被形式化为一个实质蕴涵命题，那么第一个例子便成为一个无效的论证。这说明因果陈述逻辑能够刻画的含有因果模态和虚拟式命题的演绎论证，并不是无条件的、毫无语境地运用非悖论因果蕴涵，只有在确定的语境中，它才能被“$\forall x$（Gx ∧ Ax npc Dx）”形式化，而在其他一些语境中，它可能会被“$\forall x$（Gx ∧ Ax ⊃ Dx）”形式化，因此，语境是决定一个全称命题如何被形式化的重要因素。

总之，自然律、因果律往往蕴涵某些反事实的条件，能否在因果陈述逻辑中用因果蕴涵及因果必然性去模拟它们，或者对它们进行形式化，是一个十分关键而复杂的问题，需要考虑诸如语境之类的一些具体情况，否则就会得出一个无效的论证。而因果模态与虚拟式的关系问题，也成为因果陈述逻辑作为自然语言的一个模型中的一个重要论题，值得深入思考。

四、因果陈述逻辑的评价

因果陈述逻辑作为现代归纳逻辑的组成部分，其逻辑系统的语形和语义功能是对科学和逻辑认知的有益尝试和探索，具有重要的理论意义和应用价值。同时，因果陈述逻辑系统的完备性和解释力不足，也是该理论存在的局限性所在。

（一）因果陈述逻辑的创新性

因果陈述逻辑作为一种证明或者检验的逻辑，首先是基于归纳的。我们知道，尽管因果陈述逻辑的可能世界语义学——因果可能世界是对模态逻辑的可能世界语义学理论的扩展，但是一般模态逻辑是演绎性的，而包含“因果必然”“因果可能”和“因果等值”等概念的因果模态及因果可能世界则是归纳性的。而事实上，世界上任何一种科学，都是从归纳逻辑出发，提出假设，形成所谓的“典范”或“理论”，进行演绎推理，产生预测，然后进行验证，从此各种不同的科学才开始分道扬镳，而现代归纳逻辑更具有这样的科学认知功能。[①]因果陈述逻辑作为现代归纳逻辑的一种典型形式，它在知识认知与科学理论创新方面的重要价值也是很突出的。主要表现在以下几个方面：

其一，因果陈述逻辑的核心概念是因果蕴涵和因果必然性，在因果陈述逻辑系统中，勃克斯按照必然性的强弱程度不同，将它们分为三个等级，从高到

① 刘邦凡 . 论现代归纳逻辑的科学认知功能 [J]. 科学技术与工程，2005（8）：487-490.

底依次是：逻辑必然、因果必然、实然。与此相对应，一个很重要的推导关系便是，从逻辑蕴涵（严格蕴涵）能够推导出因果蕴涵，再从因果蕴涵能够推导出实质蕴涵。由此可以看出，因果蕴涵介于逻辑蕴涵和实质蕴涵之间，从而使得我们可以从具有逻辑必然性的陈述和理论推导出具有因果必然性的因果律陈述，进而推导出事实陈述。也就是说，在处理日常语言中的一些条件句时，我们完全可以利用因果蕴涵去解决，因为它不仅能够避免“蕴涵怪论”现象的发生，也能够准确地刻画条件句中前件和后件之间的真假关系。而以因果蕴涵为桥梁的这种推导关系，不仅能解释已知的事实，也能预测未知的事实，所以它本身就是一种逻辑创新，而这种创新性也是与它的科学认知功能息息相关的。

其二，因果陈述逻辑系统的语义解释以可能世界语义学为基础，并增加了“因果”算子，从而将一般的可能世界语义学理论扩展为因果可能世界语义学，而正是借助于这种关于可能性的逻辑工具，并且对其进行扩展，才使得人类的知识得以扩充，使我们对因果可能世界有了一个全面的认知，从而使得科学理论的创新成为可能。也就是说，因果陈述逻辑系统的构建，使得逻辑学的科学认知及创新价值大大加强。因为用于解释一般模态逻辑的可能世界理论在比较纯化的数学领域可以很好地应用，但是在不那么纯化的自然科学领域，仅仅考虑逻辑可能世界是不够的，它有时并不能解决涉及自然律、因果律的一些问题。因此，因果可能世界的提出，不仅为自然科学领域的研究开辟了新的途径，也是对逻辑可能世界理论的一种创新，因果陈述逻辑比狭义的模态逻辑在科学理论创新方面的作用更大，它所具有的科学认知功能也更强。

其三，因果陈述逻辑的理论起源之一便是对因果虚拟句的研究，解决日常语言中大量出现的反事实条件句的推理。正如勃克斯指出的那样，传统的蕴涵形式无法精确地刻画这类推理，于是因果蕴涵应运而生。由此我们看到，因果陈述逻辑对于探求科学陈述之间的因果联系，进而对科学理论作出因果可能性的推断起着重要作用。勃克斯所创建的这种逻辑对科学理论创新的贡献在于：以“因果蕴涵”为核心的因果陈述逻辑系统，为科学理论中因果联系的探索奠定了逻辑上的基础，从而使我们对模态逻辑的思考更进了一步。同时，它为我们科学认识世界提供了一种新的工具，具有重大的认知意义和创新价值。

（二）因果陈述逻辑的局限性

如前所述，勃克斯构建的因果陈述逻辑系统为我们提供了一种研究归纳逻辑的新工具，这一形式系统的语义解释——因果可能世界，是可能世界的一种新形式，为模态逻辑的发展增添了新的活力。因果陈述逻辑具有强大的知识创新和科学认知功能，是推动现代归纳逻辑发展和进步的重要动力，这不仅是因果陈述逻辑作为一种形式系统所具有的优点，更是勃克斯为归纳逻辑的发展所作出的贡献。但是，我们在看到因果陈述逻辑所具有的理论价值的同时，也应当注意到这一逻辑系统存在的一些局限性。众所周知，任何知识结构或者理论体系都有其自身的优势与不足，因果陈述逻辑也不例外。通过前面章节对因果陈述逻辑的公理、定理的解释以及对勃克斯归纳逻辑逻辑体系的分析，我们看到，从整体意义上说，因果陈述逻辑仍存在以下问题：

勃克斯的因果陈述逻辑是一个复杂的逻辑系统，但是其解释较弱，即对该逻辑系统的解释强度较低。勃克斯在刘易斯模态逻辑系统的基础上，构建了一种因果模态，加入了他创造的带有因果算子的蕴涵类型，从而建立了因果陈述逻辑。在该形式系统的语形部分，勃克斯在经典逻辑的基础上，对带有“$\Box^{c}$”和“$\Diamond^{c}$”算子的定理、元定理等进行了证明，其中还包括对证明的判定算法的一些解释等。勃克斯花了大量的篇幅对因果陈述逻辑的语形进行了描述和论证，但是这却造成了该形式系统较为烦琐，再加上在它的语义部分中解释规则过于详细，甚至有些是经典逻辑中的基本知识，勃克斯也要举例对其解释和说明，这就使得因果陈述逻辑系统较为庞杂。也就是说，这一形式系统的内容十分丰富，但是它融一阶谓词逻辑和因果模态理论为一体，系统也较为复杂。然而，与这一复杂的逻辑系统相比，其解释稍显薄弱。尽管因果陈述逻辑系统具备完全性和可靠性，但是勃克斯并没有进行翔实、确切的说明，其一致性的特征也是在对“什么是逻辑真”进行阐述之后简单地表达的。由此可以看出，因果陈述逻辑的系统完备性不足，解释的强度不够大，从而使得该理论的说服力较低，这也可能是它并没有引起研究者及学界重视的一个主要原因。

另外，因果陈述逻辑所具有的深层次哲学问题并没有得到深入的探讨。勃克斯创造了因果蕴涵、因果必然、因果可能等一系列因果概念，而且在因果陈述逻辑系统中对它们进行了应用。他的目的是想要建立一种新的模型来解释因果必然性规律，从而证明因果定律普遍适用的合理性。然而，这一问题所具有的哲学意蕴勃克斯在他的著作中并没有着重说明。关于因果陈述逻辑的哲学性方面，他在提出“因果必然性是分等级的”这一哲学思想之后，便没有对该逻辑系统的哲学内涵以及他所建立的因果模型的哲学机制进行详细的阐述，这一点也是勃克斯因果陈述逻辑理论的不足之处。

第六章　卡尔纳普的归纳逻辑理论

美国著名哲学家、逻辑学家卡尔纳普（Rudolf Carnap）是逻辑实证主义的主要代表人物之一，他对逻辑学与哲学作出了突出的贡献。卡尔纳普深入探讨了模态逻辑、数理逻辑以及语言的逻辑句法等，建构了自己的概率逻辑系统，为现代归纳逻辑的发展开辟了一条新的道路。他深受弗雷格与罗素的影响，认为数学知识是分析的，逻辑学的知识性质与数学的知识性质相类似，因而具有分析性。逻辑学与数学为整个知识体系提供概念、命题与推理形式。与此同时，卡尔纳普将重心放在了逻辑应用方面，对概率逻辑系统和归纳机器的应用进行了科学的论证和实践，并对现代归纳逻辑的认知价值进行了阐释。

第一节　卡尔纳普归纳逻辑的理论背景

卡尔纳普丰富的求学与学术经历，可以看出他向归纳逻辑研究转变的思想及理论根源。古典归纳逻辑与概率论为现代归纳逻辑的发展奠定了丰富的理论基础；凯恩斯、赖欣巴哈对概率与逻辑的研究为卡尔纳普的思想转向给予启示；卡尔纳普对物理学的热爱，使他深刻认识到归纳逻辑对经验科学的重要性；在与弗雷格交往的过程中积累了丰富的数学知识等等，这一切都推动了卡尔纳普向归纳逻辑研究的直接转向。

一、古典概率论与逻辑贝叶斯理论

（一）古典概率论

在现代归纳逻辑建立与发展的过程中，古典概率论对现代归纳逻辑具有深远的影响。古典概率论产生于17世纪中叶，它在古典归纳逻辑之后建立。概率论是以在同一条件下发生的随机事件的数量规律为研究对象的。随机事件是指可能发生或不发生的事件，例如投掷一枚骰子，它有六个面，六个面的六个数值都可能出现或者不出现。它是相对于决定性事件而言的，决定性事件是在某一特定条件下必然发生的事件。例如在标准大气压强下，纯水在 0℃时开始结冰。概率论把随机事件简称为事件。概率论是研究随机事件发生的可能性程度的理论。①

1814 年拉普拉斯（Laplace）在《概率的分析理论》中给出："机遇理论把同一类事件可能发生的所有情况的频率视为相等（这类事件存在不确定的情况），并且还要求给出目标事件概率的有利情况数目。这个有利情况数目与所有的发生数目之比就是所求的概率的测度。也就是说概率是有利情况数目与所有情况数目之比。"②

（二）逻辑贝叶斯理论

由于各学派对"概率"的不同解释，造成了帕斯卡概率逻辑不同流派的本质区别。卡尔纳普是逻辑贝叶斯的代表，他深受概率论的影响。他强调："我们平时在生活中所进行的观察与经验自然科学的观察是一样的，所揭示的就是世界上事物的某种重复性或规则性，诸如日夜交替、四季循环等等。科学规律不是其他的，它不过是精准地阐述了这些规则。"③ 如果一种规则性被称为"全称规律"，那么也就是说这种规则毫无意外地在任何时间与任意地点都可以被观察到。例如"一个标准大气压强下，纯水在达到 100℃时会沸腾"，也就是说，所有的纯水在这两个条件下都会实现沸腾。但是，并非所有科学规律都是全称性的，也有些规律所阐述的规则只会在一定场合下出现，而不是所有的场合都出现。如果这种百分比已被指明或者如果用其他方法确定了一事件对另一事件关系的定量陈述，则这种陈述被称为统计规律。"统计规律"与"全称规律"都是科学观察和实验的重要工具。即"在同一条件下某一事件随机发生的数量规律"，这就是概率论的基本思想。所有规律的基础都是建立在发生的随机事件之

① 熊立文 . 现代归纳逻辑的发展 [M]. 北京：人民出版社，2004： 14.

② 邓生庆，任晓明 . 归纳逻辑百年历程 [M]. 北京：中央编译出版社，2006：72.

③ 卡尔纳普 . 科学哲学导论 [M]. 张华夏，李平，译 . 北京：中国人民大学出版社，2007：85.

上的，它们组成了事实的直接知识与间接知识。如何才能证明我们对自然界直接观察所总结出的规律具有正规性呢？又该如何对这个规律成立的信念给予辩护呢？这就是“归纳问题”。

在演绎逻辑中，从一组前提推出结论，如果我们相信前提是真的，那么我们依然确信结论是真的。也就是说，结论的确凿程度与前提是相同的。归纳则与演绎不同，归纳结论的真理性从来不具有必然性，即“前提被假定为真并且推理出一个正当的归纳推理，其结论也有可能是错的”。卡尔纳普认为对于给定的前提，结论具有某种概率的确证度。以此为基础，他构造了一个逻辑体系来计算这种概率值。

二、现代归纳逻辑对卡尔纳普的影响

（一）卡尔纳普对凯恩斯概率理论的传承

英国著名经济学家凯恩斯（J.M.Keynes）在其 1921 年出版的《概率论》一书中把概率论与归纳逻辑结合起来，建立了概率逻辑体系，它是现代归纳逻辑产生的重要标志。凯恩斯指出，现代归纳逻辑是以概率论、数理逻辑、统计学为工具对或然性推理进行公理化、形式化、系统化研究的概率逻辑。

凯恩斯把人类所有的知识分为间接知识与直接知识，他认为直接知识是真实的与可靠的，间接知识可以通过直接知识推出。演绎推理能够保证从前提的真推出真的结论。归纳推理从真的前提出发，对结论赋予某个权重，使人们相信结论有一定的合理性并且这个合理性是有一定度的。凯恩斯称这种前提与结论的逻辑关系就是概率关系。概率演算公理系统是凯恩斯构建的，他利用概率论来讨论统计归纳推理与全称归纳推理。

由于对“概率”的不同理解，形成了不同的逻辑流派。被广为接受的主要有经验主义、逻辑贝叶斯与主观贝叶斯等流派。卡尔纳普深受凯恩斯概率归纳思想影响，二者同属于逻辑贝叶斯学派。

对于凯恩斯的概率论解释，卡尔纳普分析道：“对约翰·梅纳德·凯恩斯来说，概率论乃是两个命题之间的逻辑关系。他并不企图去定义这种关系。他甚至走得这样远以至于说，不可能制定一个什么定义。他坚持说，只有用直觉我们才能明白概率是什么意义。"[①]卡尔纳普认为凯恩斯在其著作《概率论》中用符号给出的公理与定义是不健全的，凯恩斯书中的一些公理与定义在事实上是颠倒的。同时，他也说道："但他的书，特别是他讨论概率论的历史以及我们今天能从早期学到的那些章节，从哲学的立场来看是很有趣味的。他的中心观点是，当我们进行概率陈述时，并非作出关于世界的陈述，而是作出关于两个命题之间的一种逻辑关系。我们讲的一个陈述对于另一个陈述来说具有如此这般大小的逻辑概率。"[②]

凯恩斯认为对于无差别原则被广泛地运用，其中许多运用都是错误的，例如对于预测太阳将在明天升起等。无差别原则只适用于事件具有随机性均等机会出现的碰运气游戏以及其他简单场合里，并且能给概率以数值的情况。

（二）杰弗里斯概率公理对卡尔纳普概率理论的渗透

卡尔纳普在《科学哲学导论》中说道："我应该说凯恩斯和杰弗里斯两人仍是工作在正确方向上的先驱者。我自己关于概率的工作也是在同样的方向上进行的，我分享了他们的观点，即逻辑概率乃是一种逻辑关系。"[③]

卡尔纳普认为把概率论运用到逻辑中，第二个重要的人物就是哈罗德·杰弗里斯。哈罗德·杰弗里斯是英国的地球物理学家，对于赖欣巴哈提出的用频率解释来处理归纳推理，他在1938年出版的《概率理论》中指出这是完全错误的。他肯定凯恩斯的观点：概率所谈的不是频率，而是逻辑关系。但是他在处理概率系统中继续运用无差别原则，从而使他的某些结果受到质疑。人们质疑他的理论与质疑经典理论的原因是相同的。卡尔纳普认为哈罗德·杰弗里斯的公理是可以接受的，只有在企图运用公理演绎定理时才会犯错误。他的错误陈述如下："在特定的论据下，我们给有比较大的可能性的命题指定比较大的数值（因而给有同样大的可能性的命题以相等的数值）。"他还写道："如果没有理由相信

①Rodolf Carnpa. The Aim of Inductive Logic in Logic：Methodology and philosophy of Science[M]. Stanford：Stanford University Press，1962：55.

② 卡尔纳普 . 科学哲学导论 [M]. 张华夏，李平，译 . 北京：中国人民大学出版社，2007：36.

③ 卡尔纳普 . 科学哲学导论 [M]. 张华夏，李平，译 . 北京：中国人民大学出版社，2007：42.

某一假说而不相信另一假说，则它们的概率相等。”也就是说，若没有充分的证据来判定特定的理论是真或者假，则我们得出结论，这个理论有1/2的概率。[①]

卡尔纳普认为哈罗德·杰弗里斯的观点只存在少量的不足之处。卡尔纳普认为逻辑概率类似于演绎逻辑中的蕴涵关系，他认为概率可以被看作是一种部分蕴涵。如果证据足够强，则可以逻辑地推导出假说（逻辑地被它蕴涵），假说的概率为1。如果有充足的证据逻辑地导出假说的否定，则这个假说的逻辑概率为0。

（三）卡尔纳普概率逻辑对赖欣巴哈频率理论的批判吸收

卡尔纳普从事归纳逻辑的研究始于19世纪40年代。经过研究与对比，卡尔纳普采用了凯恩斯的观点，进行概率的逻辑定义研究。但是，他同时也受到了经验主义学派代表人物赖欣巴哈的影响。

赖欣巴哈是20世纪著名的科学哲学家，经验主义代表人物。他对量子逻辑、概率逻辑、归纳法、相对论时空观进行了深入的研究。赖欣巴哈研究概率逻辑的起因是休谟疑难。为了解决这个问题，他先是建立起概率演算的公理系统，然后用频率解释处理归纳推理。

赖欣巴哈在一阶逻辑基础上建立了公理系统，并且增加了一个新的联结词——概率蕴涵。利用概率蕴涵构成概率语句，然后加入五条公理。他推理计算出所有概率，本质上看他构建的公理系统仍然具有演绎性质，只有在求初始概率的过程中才具有归纳特征。赖欣巴哈对于概率（极限频率）的认定采用相对频率进行计算。[②]

因此，卡尔纳普的概率论思想是对前人归纳理论进行深入研究与考证之后的批判继承与发展。卡尔纳普发展了凯恩斯与杰弗里斯的理论，但他们之间同时也存在着重要的区别，区别在于是否拒绝概率论的频率概念。频率理论又称统计概率，在赖欣巴哈的系统中通过明确的定义加以引进。卡尔纳普认为统计概率概念是科学的、经验的概念。他还认为统计概率被表述成“综合的”陈述，这种陈述应该是建立在经验探究基础之上的，而不是逻辑决定的。卡尔纳普完全同意以赖

---

① 卡尔纳普．科学哲学导论 [M]. 张华夏，李平，译．北京：中国人民大学出版社，2007：50.

② 熊立文．现代归纳逻辑的发展 [M]. 北京：人民出版社，2004：52.

欣巴哈为代表的经验主义观点。卡尔纳普指出："给统计概率以数值的陈述并非纯逻辑的，它们在科学语言中是事实的陈述。当一个物理学家说这种特定放射现象的概率是如此这般大小时，他作的是物理学的陈述。"① 在科学发展日新月异的今天，概率陈述的地位也越来越重要，它从一定程度上弥补了人类认知的不足。

三、数理逻辑与物理学对卡尔纳普的影响

（一）符号逻辑奠定了卡尔纳普概率理论的基础

卡尔纳普在1910年到1914年间，在耶拿大学和布赖斯高的佛赖堡大学就读。他最初学习哲学与数学，后来又专攻物理学。相比较哲学，卡尔纳普更喜欢研究数学，他认为哲学的诸多流派一直处于无止境的争论之中，而数学却在每一个结论中都能得到精确的证明，所以不会发生诸多的分歧。但是卡尔纳普的注意力却被哲学与数学的碰撞所吸引。他在《卡尔纳普思想自述》中讲道："我从大学的各种讲座所获得的最大启发，既不是来自哲学，也不是专门的数学。而是来自弗雷格关于数学与哲学之间的学科，就是符号逻辑与数学基础。"②

1910年秋，卡尔纳普出于好奇参加了弗雷格举办的"概念符号"讲座，弗雷格明确指出他的新逻辑可以构造整个数学体系。同时，弗雷格解释了各种问题，例如"一个函数的连续性定义和一个函数的界限定义"等。

1919年卡尔纳普开始研读怀特海与罗素合著的《数学原理》。他在《数学原理》中对弗雷格的关系理论进行了完善并且在表述时采用了更加简便的符号。也就在这时，卡尔纳普在思考哲学问题和建立公理体系时，开始使用符号标记法。在卡尔纳普看来，用符号语言表示在科学与哲学讨论中出现的概念与命题更加有助于清楚地理解它们。

对卡尔纳普哲学思考影响最大的人就是弗雷格。卡尔纳普在阅读弗雷格《算术基本规则》的过程中，学会了如何细致、清晰地分析语言词句与概念，区分了语句本身与语句所表达的含义。在弗雷格分析方法的影响下，卡尔纳普相

① 卡尔纳普．科学哲学导论 [M]. 张华夏，李平，译．北京：中国人民大学出版社，2007：63.

② 卡尔纳普．卡尔纳普思想自述 [M]. 陈晓山，涂敏，译．上海：上海译文出版社，1985：45.

信“数学知识基本是分析的，逻辑的知识基本上也与数学具有相同的性质”。弗雷格还为卡尔纳普在逻辑研究中指明了方向，即在人类的整个知识体系当中，数学与逻辑学的根本任务就是要提供陈述、概念与推理的形式，这些形式适用于任何一个学科与领域。从弗雷格那里卡尔纳普学会了把逻辑推理规则公式化时无须对意义有所指谓，而且也认识到意义分析的极端重要性。卡尔纳普的哲学兴趣就是植根于逻辑句法与语义学中的意义理论部分。①

（二）物理实验对卡尔纳普逻辑学研究的启发

卡尔纳普在《卡尔纳普思想自述》中说道：“在关于经验的诸多学科当中，物理学对我最有吸引力。人们居然能够以精确的数字关系陈述规律并解释各种事件以及对未来事件进行预测，这种事实深深打动了我。”② 卡尔纳普在各个领域都有涉猎，他广泛阅读各类书籍。他发现，除了物理学，几乎所有其他经验科学都存在着不确切地解释概念与形成规律的现象。第一次世界大战期间，卡尔纳普在柏林从事物理学研究，1917 年他开始接触爱因斯坦的相对论并开始系统地进行研究，他尤其对相对论所运用的方法论感兴趣。

但是在第一次世界大战前后的物理学研究中，卡尔纳普清楚地发现自己在物理实验中的不足。他的能力与爱好是在纯理论方面，在随后的研究中，他把重心逐渐转移到哲学中来，尤其是对逻辑学的研究。但是卡尔纳普在研究逻辑的同时并未放弃对物理学的探究，他时常向好友探讨物理学最新的研究成果。移居美国后，他更有幸能与爱因斯坦进行交流。物理学研究的方法论对于卡尔纳普进行逻辑学研究有着深刻的影响，这种影响在其公理系统的建构中体现尤为明显。

对于哲学研究中所使用的语言，卡尔纳普最初赞同的是使用现象语言，现象语言即以感觉材料的语句为出发点的语言，例如：“目前在我的视野中有一个红色的笔。”卡尔纳普认为哲学的任务是把一切知识归结到一种可靠的基础上，而现象语言则是通过直观而直接给予可靠的知识。但是在参加维也纳小组之后，卡尔纳普逐件改变了自己的观点，他更加倾向于使用物理语言。物理语言即谈

① 卡尔纳普．卡尔纳普思想自述 [M]. 陈晓山，涂敏，译．上海：上海译文出版社，1985：53.

② 卡尔纳普．卡尔纳普思想自述 [M]. 陈晓山，涂敏，译．上海：上海译文出版社，1985：36.

论的是物质的事物，把可观察的特性归于物质的事物本身，例如："这个水杯的材料是玻璃的。"在卡尔纳普看来："物理主义语言的最重要的优点在于这种语言具有主体间的交流性，也就是说它原则上能令所有使用这种语言的人都观察到为这种语言所描述的事件。"①

综上所述，卡尔纳普一生都致力于现代归纳逻辑以及科学哲学的研究。古典归纳逻辑、概率论为其提供了丰富的第一手资料，数学、物理学等基础理论成为其研究必不可少的工具。他提出的"容忍原则"成为逻辑经验主义对待不同语言系统的基本观点；他是第一个提出从一个简单经验的基本概念引申出其他经验科学，然后构造概念系统的人。其主要成果《世界的逻辑构造》成为现代经验主义哲学的代表作；他对元语言与对象语言这两个概念进行了深入探讨；……卡尔纳普为现代归纳逻辑所作出的贡献，值得我们认真学习与研究。

第二节　卡尔纳普归纳逻辑的主要内容

卡尔纳普在对赖欣巴哈与冯•米捷斯等人的思想进行比较之后，选择了接受凯恩斯的观点，采用了概率的逻辑定义。他把"逻辑概率"视为"归纳逻辑"，所以把他的"逻辑概率"也称为"归纳概率"。

一、归纳逻辑与演绎逻辑的辩证关系

（一）波普尔证伪理论的论争

波普尔认为："有限的证据无法证明全称命题的假说，过去无法推出未来，无论已确定的或者是概率的命题作为结论都无法证明归纳推理的合理性。科学理论并非是通过归纳推理构建的，而是经过想象、猜测与灵机一动产生的，最后进行'证伪'检验。所以，归纳逻辑的建立是没有必要的。"②关于波普尔对归纳逻辑的否认，卡尔纳普认为，虽然归纳推理无法为科学实验提供精准、固定的规则，以求出结论并且建立假说，但是构建用概率刻画确证度的概率理论，

---

① 卡尔纳普．科学哲学导论 [M]. 张华夏，李平，译．北京：中国人民大学出版社，2007：50.

② 卡尔纳普．猜想与反驳 [M]. 傅季重，译．上海：上海译文出版社，1986：170.

建立由精确规则构成的归纳逻辑是可能存在的。借鉴以逻辑蕴涵为研究对象的演绎逻辑，我们可以建立起前提对结论拥有确证度的归纳逻辑。

（二）归纳逻辑和演绎逻辑三项基本任务的对比

为了建立起自己的归纳理论体系，卡尔纳普将归纳逻辑与演绎逻辑进行了比较。卡尔纳普认为："演绎逻辑与归纳逻辑面临着相同的三项基本任务：从前提出发寻找对应的结论；根据给定的前提与结论，检验二者的推出关系能否被证实；根据前提对结论的证实，检验这个证明是否正确。"①

首先，从寻找假说的问题上看。根据证据 e 证实假说 h，归纳逻辑无法提供精准的规则。如果要在这个规则之下准确无误地证实 h，需要实验者进行无数次的实验与猜想，当然这个过程中，实验者的天赋与创造性思维加之一定的运气也是必不可少的。卡尔纳普认为演绎逻辑也存在着同归纳逻辑一样的情况。在演绎逻辑中，根据前提 e 去搜寻并判断一个可以被 e 蕴涵，并且可以从 e 推出的结论 h，在这个过程中也需要人们在一定的知识储备基础之上进行创造性的思考并且利用敏锐的直觉来判断。

其次，从检查假说的问题上比较。人们在检查假说 h 是否能被 e 所证实的时候，归纳逻辑不能提供固定的规则来计算精准的证实度数值。例如，在进行物理实验的过程中实验者大胆假设假说 h，认为 h 是实验结果 e 的最优解释。但是，这个解释也仅仅停留在实验者的猜测之上，我们不具备程序计算出 e 对 h 的精准证实度。当然，卡尔纳普认为对于一些特殊情况是可以利用逻辑系统的语言进行表述的，并且按照规则机械地解决 e 对 h 的证实度是否为一个数值。当然，在演绎逻辑中检查结论的情况与归纳逻辑是相同的。前提 e、结论 h，检验 h 能否为 e 所蕴涵，在演绎逻辑当中同样缺乏精准的运用规则。对于这项工作在演绎逻辑中被称作判定问题，判定问题紧密联系着寻求结论的问题，但是判定问题只能在命题逻辑与狭义谓词逻辑中的某些特殊情形才能解决。

最后，从检查给定的证明进行比较。在对比检查一给定的证明过程中，卡尔纳普认为演绎逻辑与归纳逻辑也是基本相似的。在演绎逻辑当中任意的一个前提推出一个结论的证明，这个证明的真伪是可以判断的。对于形式证明，即对象语言表述的语法定理证明是可以的。演绎逻辑具有一系列的证明规则，一

① 卡尔纳普．猜想与反驳 [M]. 傅季重，译．上海：上海译文出版社，1986：173.

个形式证明只要根据这些规则进行检查就可以了。在元语言中不能按照固定的规则来证明，却可以检查它的每一步是否为有效的演绎推理形式。卡尔纳普认为，归纳逻辑也可以对给定的证明进行检查。根据语言系统“证据 e 对结论 h 的证实度为 r”的证明，我们缺乏特定的规则来审查证明的每一步，却能判断它们是否都是有效的演绎推理形式。在一定的语言系统中，e 与 h 的关系是确证而非蕴涵的，是归纳逻辑而非演绎逻辑。但是，如果想要得出 e 对 h 存在着的测量数值 r 具有证实关系，需要进行演绎证明。这是元语言中的语义证明，对于对象语言的形式证明而言，在归纳逻辑中是无法进行检验的。

二、概率逻辑与统计概率

卡尔纳普为了进一步建构起自己的归纳逻辑体系，对“概率”这一概念提出了不同于以往逻辑学家的见解。他在原有的概率理论基础上进一步区分出统计概率与逻辑概率，并且对二者进行了对比。

（一）概率逻辑与统计概率的定义

卡尔纳普认为，统计概率是相对频率的概率，我们可以用符号语言表示为 P（A，B）=p。A，B 表示事件或事物的性质。P（A，B）=p 表示的是一个事物或事件 A 发生次数与总次数 B 的比率，也就是统计概率。卡尔纳普提出了逻辑概率，它表示证据与假说之间的逻辑关系。用符号表示为 C（h，e）=r，h，e，这表示描述事件的命题或者语句。C（h，e）=r 表示证据 h 对假说 e 的确证度。[①]

统计概率与逻辑概率作为二元函项，二者之间的变元是不同的。统计概率的两个变元是命题函项，而逻辑概率的两个变元是命题。

（二）概率逻辑的分析性与统计概率的综合性

卡尔纳普认为统计概率的命题都是综合性命题，它们适用于描述事实的一般特征。用符号来表示统计概率 P（A，B）=p，它是关于事实观察的陈述，真假在逻辑上是不确定的。我们用对象语言（与“元语言”相对应，是指一种作为被研究和陈述对象的语言）来表达它。比如在物理学中概率规则就是用物理学语言进行阐述的。而逻辑概率的命题是分析的，用符号表示为 C（h，e）=r，它与经验无关，或者逻辑真，或者逻辑假。它是对科学命题的评论，是用元语

① 熊立文 . 现代归纳逻辑的发展 [M]. 北京：人民出版社，2004：77.

言表述的科学逻辑或者方法论，不属于科学本身。[①]

（三）概率逻辑与统计概率的适用范围

统计概率主要是统计学的研究理论，在物理学、经济学中被广泛地应用。逻辑概率则是归纳逻辑研究的基本概念。卡尔纳普认为，对包括统计学的研究而言，逻辑概率也是无法缺少的。只有依据逻辑概率才能对统计概率进行运用，统计概率对科学的实验价值就是通过逻辑概率体现出来的。[②]卡尔纳普指出，被经验观察到的相对频率，根据其假设的统计概率具有一定的证实度（逻辑概率）。逻辑概率越高，根据统计概率的假说可信度也会越高，它在科学实验中的实验价值才能得以体现，科学实验者才可以把它作为工具合理使用。

卡尔纳普将逻辑概率运用到证据与假说的确证程度之中，并进行量化研究。他提出技术性术语“确证度”。“确证度”这一概念的作用同“逻辑概率”相同。

三、卡尔纳普归纳逻辑体系

证据对假设的确证度公式C（h，e）=r，卡尔纳普称C（h，e）为C函数。C函数作为卡尔纳普归纳逻辑中的一个最为基本的概念，它的作用相当于演绎逻辑中的“逻辑蕴涵”。在卡尔纳普所构建的理论中最为重要的一个问题就是计算r。卡尔纳普受到维特根斯坦逻辑域的启发，根据句子的逻辑域计算C函数的值。而卡尔纳普所构建的归纳逻辑是在演绎逻辑之中扩充了C函数的计算方法，是建立在一阶逻辑基础上的、语义的概率逻辑体系理论。

（一）形式语言

一阶逻辑是卡尔纳普归纳逻辑的基础，卡尔纳普首先构造了形式语言：包括无穷系统L_∞和有穷系统L_N。

语言L包括下列符号：

（1）个体变元：x、y、z等表示个体变元；

（2）个体常元：个体常元是世界中的任一个体，用a、b、c表示。

（3）初始的一元谓词：表示性质，P_1，…，P_π；语言L中初始谓词的数目

① 邓生庆，任晓明．归纳逻辑百年历程[M]．北京：中央编译出版社，2006：185.

② 熊立文．现代归纳逻辑的发展[M]．北京：人民出版社，2004：77.

是有穷的，一共是 π 个。这 π 个一元谓词具有不同的性质且不同的性质只能用一个谓词表示。

（4）联结词：¬，∧，∨；

（5）全称量词符：∀；

（6）括号：(，)；

（7）等符：=；

（8）符号 t：t 在表示常真的语句。

（9）N 个个体常元，π 个初始谓词，用语言系统 L_N^π 表示。

系统语言 L 之内的公式规则：与一阶逻辑相同，一个原子语句形式化为 P_i（a_j），它表述的是个体 a_j 具有性质 P_i。

逻辑联结词与原子句共同构成其他分子语句，和量词可以构成量词语句；用 e、i、k 等表示句子；用 S 表示 L 中语句的集合；以此类推，一元谓词经过联结词构成复合谓词，例“P_1（x）∧ P_2（x）”。①

（二）语义

对系统 L 中的语句，卡尔纳普通过真值规则与域的规则给出了解释（真值规则与域的规则是一致的）。

系统 L 中语句的真值规则与一阶逻辑类似。卡尔纳普引入“→（蕴涵）”“≠（不等）”“∃（存在）”“↔（等值）”。他认为它们不属于语言 L 本身，而是由初始符号构成的公式的简写。

卡尔纳普给出了语句真的定义。

i 是 L 内的语句，i 在 L 内若为真必须满足以下任一条件②：

（1）i 为原子句 P（a），它表示个体 a 具有性质 P。

（2）i 有一种形式可表示为“a=a”。

（3）i 表示为“t”（t 表示重言式）

（4）i 表示为 ¬j，并且 j 在 L 中不是真的。

（5）i 表示为 j ∨ k，并且 j 和 k 至少其中一个在 L 中为真。

（6）i 表示为 j ∧ k，并且 j 和 k 在 L 中都为真。

---

① 熊立文 . 现代归纳逻辑的发展 [M]. 北京：人民出版社，2004：80.

② 熊立文 . 现代归纳逻辑的发展 [M]. 北京：人民出版社，2004：86.

（7）i 表示为$\forall$ xA，并且 A 的所有代入个体在 L 中都为真。

（8）如果一个语句集合 S_i 为真，那么该语句集合 S_i 在 L 中为真，定义为 S_i 当中的每一个要素在语言系统 L 中都是真的。

卡尔纳普探讨了关于一个语句在状态描述中的成立问题，这是一个语义问题。假如我们了解一个句子的意义，那么我们将知道这个语句在各种可能状况下是否成立。状态描述表述的是“刻画世界的各种情况”。一个句子在哪些状态描述中不成立，哪些状态描述中成立，以此为基础对该语句进行解释。卡尔纳普对语言系统 L 中所有句子 i 给出“i 在状态描述 Z_h 中成立”的条件，然后给出句子的解释。

（三）状态描述、Q 谓词与结构描述

1. 状态描述

第一，状态描述涉及了语言 L_N^{π} 中所有个体和每一种性质语言。L_N^{π} 中的 N 个个体组成了一个世界，状态描述则完全地刻画了这个世界的每一种可能状况。也就是说，一个状态描述就是一个可能世界。在语言 L_N 中共有 $2^{N\pi}$ 个不同的状态描述。例如，如果 N=3，π=2，则有 2^6=64 个状态描述，所有的状态描述在逻辑上互不相容。语言系统 L_N 中的任意一个状态描述都是合取句。

语言 L_∞中的一个状态描述指 L_∞中每一个句子合取的集合，且不再包含其他元素。

例如：假设 L_3^2 中有 3 个个体常元 a_1，a_2，a_3，两个一元谓词 P_1 和 P_2，我们用 Z 表示状态描述，其中一个状态描述是：

$$Z=P_1(a_1)\wedge P_1(a_2)\wedge P_1(a_3)\wedge P_2(a_1)\wedge P_2(a_2)\wedge P_2(a_3)$$

第二，状态描述的另一种逻辑等值形式——Q 形式。Q 形式是由 N 个 Q 语句合取而成的句子，其中任意一个合取支都可以表示为：$Q_i(a_j)$。需要注意的是，各合取支中的个体常元都不相同。我们可以用状态描述表达世界存在的一种状态，即每一个个体所具有的属性，以及和它共有属性个体的集合。举例说明，在一个状态描述中，也可以称为可能世界中（卡尔纳普一般用可能情况），有个体 a_1、a_2 是白色的天鹅，而 a_3 是白色的但不是天鹅。可以用形式语言表示：

$$Z=P_1(a_1)\wedge P_1(a_2)\wedge P_1(a_3)\wedge P_2(a_1)\wedge P_2(a_2)\wedge \neg P_2(a_3)$$

$$=Q_1(a_1)\wedge Q_2(a_2)\wedge Q_3(a_3)$$

2. Q 谓词

语言系统 L 中所有 π 个一元谓词合取成一个 Q 谓词，任何一个一元谓词和它的否定，两者中的一个且是唯一的一个在谓词中出现。语言系统 L 中所具有的 Q 谓词数目 W 由谓词数目 π 决定。语言 L 中有 $W=2^{\pi 9}$ 个谓词。

Q 谓词是一个复合谓词，具有复合性质，叫作 Q 性质。Q 谓词把论域分为两两互不相交的子集，这些子集的和为整个论域，被称为 Q 集合。语言 L 的论域中任意一个个体有且只有一个性质，我们用 Q 谓词表示它。[①]

3. 结构描述

一个结构描述也是对可能世界的一种刻画，但是它没有状态描述对世界刻画得全面、详细。结构描述是具有相同 Q 数的所有状态描述的析取，它表示为一种析取语句，这个析取语句是对可能世界统计的描述。[②]

4. 逻辑域及其规则

“逻辑域”是语义概念，一个语句在语言系统中的逻辑域指这个系统当中使得该语句为真的所有情况，这些情况也用语句来陈述。卡尔纳普的逻辑域要解决的问题是确定任一语言系统中语句 e 的量程。

卡尔纳普利用确证度，对于语句 e、h 可以得出 e 对 h 的确证度。一个 Q 数的序列告诉我们每个 Q 集合具有的个体数目，所以对任一个 Q_i，结构描述就可以确定整个世界中所有具有性质 Q_i 的对象的相对频率，那么这个相对频率就是 N_i/N。

另外，卡尔纳普也在寻找提高或降低这个确证度的途径。C（h，e）=r，这个公式是计算 e 对 h 的初始概率 r，它通过 e 和 h 合取 e 的逻辑域来完成。一个语句 e 的逻辑域除了取决于 e 自身的真值规则，还涉及两个关键因素：概率逻辑系统的语言结构以及域的规则。同一语句 e 的逻辑域在不同的语言系统中可能不同，在不同的域的规则下也是不同的。卡尔纳普把语句在状态描述与语句集合在结构描述中成立的条件定义为“域的规则。”[③]

---

① 邓生庆，任晓明 . 归纳逻辑百年历程 [M]. 北京：中央编译出版社，2006：192.

② 熊立文 . 归纳逻辑与贝叶斯方法 [J]. 北京师范大学学报（社会科学版），2007（2）：143-145.

③ 熊立文 . 现代归纳逻辑的发展 [M]. 北京：人民出版社，2004： 92.

比如，i 是语言 L 中的一个句子，Z_h 是语言 L 中的一个状态描述，如果 i 在这个状态描述 Z_h 中成立，那么它必须满足下面条件中的任意一个：①

（1）i=t（常真的语句）

（2）i 有形式 $a_j=a_j$。

（3）i=¬j 且 j 在 Z_h 中不成立。

（4）i 是一个原子句且为 Z_h 的一个合取支。

（5）i 是 j ∧ k 且 j 与 k 在 Z_h 中都成立。

（6）i 是 j ∨ k 且 j 与 k 在 Z_h 中至少有一个成立。

（7）i 是∀xA，并且 A 的所有代入特例在 Z_h 中都是真的。

如果语句系统 L 中存在一个语句集合 S_i，那么 S_i 的每一个句子只有在状态描述 Z_h 中成立，S_i 才会在 Z_h 中成立。

一个句子 i，是由 i 成立的状态描述集合决定的。i 被这个集合中的每一个状态描述所蕴涵，这个集合被卡尔纳普称作 i 的逻辑域，简称为 i 的域（R_i）。语句集合 S_i 的域为 R（S_i）。

可见，卡尔纳普通过定义给出语言系统 L 的语句解释，这种语义解释为其构造逻辑系统奠定了坚实的基础。

四、C 函数

（一）概述

卡尔纳普利用公式计算 e 对 h 的支持程度，可以得出 e 对 h 的确证度，也就是说，C（h，e）=r，这个公式表示 e 对 h 的初始概率 r。卡尔纳普称 C（h，e）为 C 函数，它的作用类似于演绎逻辑中的“逻辑蕴涵”。他认为 C 函数必须具备以下几个条件，才能满足逻辑蕴涵的要求。

第一，它必须满足概率理论。

第二，卡尔纳普定义了“空确证”概念（在有穷语言系统 L_N 中，相对于重言语句 t 的确证度语句 j 为空确证）。它用 C_0(j，t）为空表示，C_0(j）是它的缩写。

第三，在无穷系统 L_∞中的句子确证度，卡尔纳普利用极限值定义了 C 函

① 熊立文. 贝叶斯决策理论与归纳逻辑 [J]. 北京师范大学学报（社会科学版），2005（2）：108-113.

数。对于无穷系统中的任何一对非概括句（不含量词）h 和 e，存在 n，当有穷系统中的 N>n，那么 h 与 e 也出现在有穷系统 L_N 中。

第四，共同恰当性要求。这是卡尔纳普构造 C 函数时提出的一个限制条件，它是指对任意一个 N 和 L_N 中任意一个状态描述 Z_i，${}_NC_0$（Z_i）必须等于 L_{N+1} 中所有以 Z_i 为合取支的状态描述的 ${}_{N+1}C_0$ 值之和。[①]

如果语言系统 L_{N+1} 选定一个 C_0 函数，那么对于语言系统 L_N，C_0 函数就是唯一可确定的。同时对于系统 L_{N+2} 来说，其函数的选择虽然不是唯一可确定的，但被限制在了一定范围之内。卡尔纳普在研究了 C 函数必须要满足的条件之后，又构造了 C 函数理论。在这个过程中，以上的条件被他当作定义与定理。卡尔纳普构造出了一类 C 函数称为正则 C 函数，他认为这是一种归纳理论，卡尔纳普在特殊的正则函数基础上建立了特殊的归纳理论。

（二）正则 C 函数

正则 C 函数，用逻辑蕴涵与 C 函数之间的关系来表示，它体现了演绎逻辑与归纳逻辑之间的辩证关系。这是卡尔纳普最为重要的思想之一。卡尔纳普分别对有限系统与无限系统构造 C 函数。

第一，他对有穷系统 L_N 构造 C 函数，定义了正则测度函数。定义：M 是关于 L_N 中状态描述的正则测度函数，我们称之为 M 函数。M 必须满足以下两个条件：

（1）对于 L_N 中的每个状态描述 Z_i，M（Z_i）0。

（2）L_N 中所有状态描述的 M 值之和为 1。

卡尔纳普又分别定义了语句的正则测度函数与正则确证函数。

语句正则测度函数：语言系统 L_N 中状态描述的正则测度函数是 M，用以下方式把 M 扩展为关于 L_N 语句的正则测度函数。

（1）对于语言系统 L_N 当中的每一个逻辑假的语句 j，则 M（j）=0。

（2）对于语言系统 L_N 当中的每一个非逻辑假的语句 j，则 M（j）等于 R（j）中状态描述的 M 值之和。

正则确证函数：称 C 是关于 L_N 的正则函数，如果 M 是 L_N 中语句的正则测

①Rodolf Carnpa. The Aim of Inductive Logic in Logic：Methodology and philosophy of Science[M]. Stanford：Stanford University Press，1962：15.

度函数，则对 L_N 中的任何语句 e 和 h：

当 M（e）≠ 0 时，C（h，e）= M（h ∧ e）/ M（e）或者 M（e）=0 时，C（h，e）没有值。

卡尔纳普构建的正则确证函数有助于分析演绎逻辑与归纳逻辑之间的辩证关系，他认为演绎逻辑和归纳逻辑都重视语句的域及其联系。语句的域不依赖于任何事实，它仅仅依赖语义规则确定的语句意义。这些规则一旦形成，演绎逻辑的逻辑蕴涵关系和归纳逻辑的确证度关系就可以建立。从这一意义上看，演绎逻辑处理的是域之间的完全包含关系，归纳逻辑处理的是域之间的部分包含关系，它被卡尔纳普称之为“部分逻辑蕴涵”。

第二，卡尔纳普利用极限概念，对 L_∞ 构造的正则 M 函数和正则 C 函数进行了解释。

L_∞ 正则 M 函数：系统 L_1，L_2，…中语句的正则 M 函数序列 m_1，m_2，L_∞ 对应 L_1，L_2，…。M 是关于系统 L_∞ 语句的正则 M 函数，当且仅当对于 L_∞ 中的每一个语句 j，如果序列 m_1，m_2，…存在极限，则 M（j）= $\lim\limits_{N\to\infty} N_C$（j）；如果极限不存在，则 M 对于 j 没有值。

L_∞ 的正则 C 函数：系统 L_1，L_2，…中语句的正则 M 函数的序列 c_1，c_2，L_∞ 是对应 L_1，L_2，…的。C 是关于系统 L_∞ 中语句的正则 C 函数，当且仅当对于 L_∞ 中的每一对语句（h，e），如果序列 c_1，c_2，…存在极限，则 C（h，e）= $\lim\limits_{N\to\infty} N_C$（h，e）；如果极限不存在，则 C 对于（h，e）没有值。

C 函数与 M 函数的关系：在空确证的前提下 C 函数与 M 函数是一致的。一个语句 j 相对于重言证据 t 的确证叫作 j 的空确证，因为 t 是无意义的。用 C_0（j，t）可以证明 M（j）与 C_0（j）是一致的。一个语句的 M 值就是它的先验概率。①

（三）对称 C 函数

卡尔纳普对于对称 C 函数的定义分为两个部分，分别在有穷系统与无穷系统中进行。②

第一，在 L_N 中对状态描述定义对称的 M 函数，然后对 M 函数进行语句定

① 熊立文 . 现代归纳逻辑的发展 [M]. 北京：人民出版社，2004： 97.

②Rodolf Carnpa. Inductive Logic and Inductive Intuitionin The Problem of Inductive Logic[M]. Amsterdam：North-Holland Pub.Co，1968：256.

义。在这个基础上定义对称的 C 函数。假设 M 是 L_N 语句的对称测度函数，对 L_N 中的任何语句 e 和 h，当 M（e）≠0 时，C（h，e）=M（h ∧ e）/M（e）；当 M（e）=0 时，C（h，e）没有值，则称 C 是 L_N 的对称确定函数。

第二，在无穷系统中的对称 C 函数与对称 M 函数。卡尔纳普按照“共同恰当性要求”来确定无穷系统中 C 函数的值。在这个原则的基础上，卡尔纳普在构建 C 函数的时候定义了语句的正则恰当确证函数序列（C 函数）与状态描述的正则恰当 M 函数序列，并给出了非概括句在无穷系统中的确证度与 M 值。

（1）设 j 是 L_∞ 中的非概括句，$_\infty M$（j）与 $_N M$（j）相等。

（2）设 e 和 h 是 L_∞ 中的非概括句，并且 e 在其中不是逻辑假，则 $_\infty C$（h,e）= $_N C$（h，e）。

在共同恰当条件下，非概括句在有穷系统中与在无穷系统中的 M 值相同。从同样的证据看，一个非概括句在有穷系统中的确证度与它在无穷系统中的确证度是相同的。

（四）C^* 函数和 C^+ 函数

由于正则 C 函数与对称 C 函数都是无穷的，所以这两种 C 函数在绝大多数情况下都不能解释概率 1。因此，卡尔纳普定义了对称的确证函数 C^*，C^* 以测度函数 M^* 为基础。M^* 需满足以下条件：

M^* 函数必须是对称的：

（1）对于语言系统 L_N 中所有的结构描述都必须具有相同的值。

（2）按照上述条件，所有的结构描述都需要指派相同的概率值。

M^* 的定义：

假设 Z_i 是 L_N 中的任意一个状态描述，t 是 L_N 中结构描述的个数，Q_i 是 L_N 中与 Z_i 同构的状态描述（交换个体常元就可以互相转换的状态描述）个数，则 M^*（Z_i）$=_{df}1/tQ_i$。

卡尔纳普在 L_N 中定义了状态描述的测度函数 M^*，接下来就要定义语句 M^* 函数与确证函数 C^*。他运用极限的方法来定义无穷系统 L_∞ 中的 M^* 和 C^*。

C^+ 也是对称函数，对称的测度函数 M^+ 是它的基础。L_N 中所有的状态描述被 M^+ 指派相同的 M 值，即 M（Z_i）=1/S，S 是 L_N 中状态描述的个数。由此可以看出，M^+ 比 M^* 简单。

确证函数 C^+ 同样可以从 M^+ 得到。虽然 C^+ 是更加简单的，但是它作为确证度这个概念并不合适。因为无论证据是怎样的，单称预测的假说 h 确证度总是等于其先验概率。所以，如果用 C^+ 作确证度概念，那么过去的经验就不会对预测产生影响。

C^* 与 C^+ 是不一样的，当证据 e 发生变化时，假说 h 的确证度 C^*（h，e）会随证据的变化而产生变化，所以最终卡尔纳普选择了 C^*。卡尔纳普认为 C^* 是最佳选择。

五、∧系统

（一）基本概念

卡尔纳普引入了一些符号来表示特殊形式的语句：e_Q 表示是 S 个 Q 语句的合取，而 Q 语句所包含的个体常元是互不相同的。

e_Q 之内共有 S 个不同的个体常元，其中有 S_1 个个体具有属性 Q_1，有 S_2 个个体具有属性 Q_2，……，有 S_k 个个体具有属性 Q_k。所以 $S_1+S_2+\cdots+S_k=S$。注意，有些 S_i 可以是 0。

用 h_1 表示 Q_k（a_j），a_j 是一个新常元，它不出现在语句 e_Q 中。e_Q 是关于经验的陈述，它陈述的是考察 S 个对象，在考察过的对象中每一个具有什么样的属性 Q。

卡尔纳普对语句 e_Q 进行了两种变换：

第一种变换，把 e_Q 中每一个不是 Q_1 的谓词转换成 $-Q_1$ 得到 e_1。令 e_2，…，e_k 也是使用相同的方法得到。那么，任意的形式为 e_i（i=1，…，k）的语句与 e_Q 所刻画的经验证据是同一个对象。对于样本个体 S_i，e_i 表明它们具有属性 Q_i，而其他的 $S-S_i$ 个个体，e_i 只表明它们并非是 Q_i，而没有具体说明它们究竟是哪一种 Q 属性。

第二种变换，令 M 是表示事实属性的复合谓词，它是 W 个 Q 谓词的析取。因此，它的逻辑宽度为 W($0<W<K$)。M 中所包含的 Q 谓词被说成是“在 M 中”。因为 M 是 W 个 Q 谓词的析取，所以如果某个 Q_i 出现在 M 中，则语句 Q_i（a_i）表示个体 a_i 满足 M。令 e_M 是由 e_Q 通过 e_Q 中每一个出现在 M 中的 Q 谓词用 M 代替，将其余每个 Q 谓词用 $-M$ 代替而形成的，那么 e_M 就是 S_M 个 M 的满足

句与 $S-S_M$ 个 M 满足句的否定句的合取。

e_M 与 e_Q 刻画的是同一个证据，e_M 对证据中的每一个个体，只是说它是 M 或不是 M。用 h_M 表示假说“下一个个体具有性质 M”，h_M 逻辑上等值于 w 个假说 h_i 的析取（h_i 具有 M 中的 Q 性质）。当 S=0（空证据）时，e_Q 并没有给出关于事实的信息，这时它是重言的语句 t。

单称预测推理的前提是要描述一个样本的相关证据，而对于它的结论是关于一个不属于这个样本的假说。该推理就是要确定 C（h_1，e_1）和 C（h_M，e_M）这种类型的函数值。卡尔纳普认为这种归纳推理对于归纳逻辑是很重要的，也是最为基本的，同时他也是以单称预测推理为基础来建立∧系统的。

（二）∧系统中 C 函数需要满足的条件

对于各种 C 函数的系统概括与整理就是∧系统。卡尔纳普用∧系统或函数进行表达与构造 C 函数。所以，C 函数除了满足∧系统的基本概念，还必须要满足以下条件：

关于 Q 谓词的对称性：

（1）如果 h′ 和 e′ 是分别由 h 和 e 通过交换两个 Q 谓词形成，C（h，e）=C（h′，e′），那么 C 函数是关于 Q 谓词对称的。

（2）C（h_i，e_i）的取值范围

对于任意的语句 h_i 与 e_i，以及任意 K、S、S_i，或者 $S_i/S \leqq$ C（h_i，e_i）$\leqq 1/k$，或者 $1/k \leqq$ C（h_ie_i）$\leqq S_i/S$（S_i/S 是经验因素，它是谓词 Q_i 在样本中出现的相对频率。1/k 是逻辑因素）。

C 函数是卡尔纳普通过∧函数确定的，其基本思路是：先对语言系统 L_N 中的每一状态描述指派 M 值，也就是先验概率。原因在于，得到了状态描述的 M 值，就能够计算出 L_N 中每一个语句的 M 值，从而能够计算出每一语句的逻辑域中所有状态描述的 M 值之和。语句 h 和 e 确定 C（h，e）的值，根据语句的 M 值，可以利用公式 C（h，e）=M（h∧e）/M（e）。这样一来，所有问题就可以归结为对 L_N 中每一个状态描述对 M 的确定。

综上所述，卡尔纳普构建的公理系统探讨了归纳逻辑的形式化与归纳方法的最优化问题。与演绎逻辑中公认的最优方法不同，归纳逻辑中存在着很多互相不协调的方法。卡尔纳普构建的逻辑系统不仅找出了优化的方法，而且将全

部的归纳方法组合成一个有序的整体，这被称作“归纳方法的连续统”，接下来在各种可能的论域中搜索可行的程序，判断最优的归纳方法。“归纳方法的连续统”实质是枚举法，这是不够全面的，应该同时考虑排除归纳法，把排除归纳法与枚举法相结合，才能找到最合适的方法。卡尔纳普把归纳逻辑与演绎逻辑进行对比，把归纳逻辑的C函项看作是完全分析性的，而忽视了归纳逻辑本身的特殊性。归纳逻辑不能片面地追求理想化、抽象化，要贴近人们的日常生活与自然科学。①

第三节 卡尔纳普归纳逻辑的评价

20世纪是归纳逻辑发展的转折点。对休谟问题的思考、概率论的发展、数理逻辑的出现都成为催生现代归纳逻辑的重要条件。概率归纳逻辑是现代归纳逻辑的主流，学者们对“概率”概念的不同解释，又分为经验主义、逻辑贝叶斯与主观逻辑贝叶斯等学派。逻辑贝叶斯学派的代表人物卡尔纳普构建的归纳逻辑系统占有重要的地位。

一、卡尔纳普归纳逻辑的理论价值

（一）对休谟问题的回答

休谟问题是压在归纳逻辑上的一座大山。面对休谟问题的质疑，诸多归纳学者不断地进行拆解，但是仍然在原地踏步。归纳推理是或然的，这个结论动摇了归纳逻辑的地位，经验自然科学的基础也面临着巨大的挑战。

休谟把科学研究者的实验对象分为两类：一类是观念关系，如代数、几何等基础学科研究观念的知识；另一类是关于实际事实的知识，包括经验自然科学的知识。休谟认为关于实际事情的一切理论知识都是建立在因果关系上的。休谟关于因果关系的看法包括三点：第一，原因和结果的发生是在时间和空间上相互接近的；第二，原因的发生要先于结果；第三，原因与结果的发生必须具有永久的先后回合。② 基于此，休谟进一步提出人们对于某个因果认识并不是

① 陈波．中国逻辑学70年：历程与反思[J].社会科学文摘，2019（12）：88-90.

② 休谟．人类理解研究[M].关文运，译．北京：商务印书馆，1957：78.

在理性的前提下得出的，而是因为经验。休谟要考察人们是怎样从经验中得出因果知识，人们在这个过程中所使用的归纳方法是或然性的，不具有必然性。[①]休谟思考人们是如何从已知推出未知，从现在推理出未来的。人们所使用的归纳推理是以因果关系为基础的，而人们所理解的因果关系是在日常的经验基础之上的。用或然性推理来确认未知与未来，就存在着一个逻辑循环的问题。休谟对归纳推理的局限性提出尖锐的质疑："归纳推理是或然的。"面对休谟的问题，人们面临着两个难题：第一，归纳法在科学研究中的作用；第二，归纳法被质疑后，经验自然科学的真理性问题。

对于休谟疑难，运用概率归纳逻辑能够将其转换为"如何为确定的基本概率原则进行变化"。卡尔纳普在其自传《卡尔纳普思想自述》中说道："倘若我们能找到一种令人满意的概率逻辑理论，这样一来我们就能为解决归纳推理的疑难找到一个合理而清晰的基础，所以我把归纳概率逻辑理论称为归纳逻辑。"[②]他认为"逻辑概率"概念与演绎逻辑的"逻辑蕴涵"概念是具有同等地位的。逻辑蕴涵刻画了前提的集合与结论之间的关系，而概率逻辑刻画的则是归纳推理前提（证据）与结论（假设）之间的关系，即证据对假设的确证度。卡尔纳普把"逻辑概率"这个概念发展为科学推理的工具，他说道："我坚信，概率逻辑这个概念应当成为经验科学方法论的一个基本概念，即为一个证据确定的结论提供精准的定量刻画。因此，我采用'确证度'这个术语作为逻辑概率刻画的专门术语。"[③]早期的维特根斯坦等人采用了"可证实原则"，但是卡尔纳普认为自然科学中的定律假说是无法绝对证实的，只能逐步进行确证。一个全称语句，比如物理学中的一个定律，是不可能得到完全证实的。卡尔纳普用 C（h，e）=r 来刻画证据 h 对假说 e 的确证度。虽然在现实中 h 与 e 会涉及事实和经验，但是在其建构的系统中进行了一系列形式处理，只对 h 与 e 进行语形与语义分析，从而计算出确证度 r。h 和 e 是纯形式的关系，C（h，e）=r 是分析的、纯

① 马亮．卡尔纳普意义理论 [M]. 北京：社会科学出版社，2006：125.

② 卡尔纳普．卡尔纳普思想自述 [M]. 陈晓山，涂敏，译．上海：上海译文出版社，1985：42.

③ 卡尔纳普．卡尔纳普思想自述 [M]. 陈晓山，涂敏，译．上海：上海译文出版社，1985：56.

逻辑的、先验的和演绎的。但是随着系统 L 状态描述的个数计算问题，卡尔纳普陷入了前所未有的困境。为了应对休谟疑难，他把 C 函数中的 h 与 e 定义为部分蕴涵。虽然他又遇到了困难，最终也没有完美地解决休谟疑难，但是他提出的归纳理论为后来者开辟出了一条崭新的道路，为研究者们走出思维的迷宫提供了智力支持。

（二）有限的归纳机器

卡尔纳普认为向一部机器中输入报告而得到一个合适的假说是不可能的，也就是说没有一组固定的规则可以被研究者利用，从而得到合适的假说，这种合适的假说需要研究者的天赋与运气。所以卡尔纳普提出了“有限的归纳机器”这一说法。“有限的归纳机器”这个概念为人工智能提供了理论支持。“有限归纳机器”原本是卡尔纳普构建的函数 C（h，e），实际上就是计算 C 函数值的规则和方法。卡尔纳普通过系统的理论研究，他认为在一个特定范围之内，计算 C 函数的值的归纳机器是可能的。①

从 20 世纪 40 年代第一台电子计算机诞生到现在，机器的“思维”在诸多领域内正逐步代替着人的思维进行工作。“人工智能”更是成为经济增长点与国力的角逐热点。人工智能利用计算机对人类的思维和智能进行模拟。人们发展人工智能主要有两个目标：一个是实用的目标，就是用计算机代替人类从事脑力劳动。另一目标是科学的目标，通过人类计算机模拟来揭示人类认知的结构和机制，试图揭开大脑认知之谜。人工智能跨越数学、机械和逻辑等诸多学科，但它是否完全可以模拟人类仍然是学界争论的焦点。在人工智能的研究领域中有一个重要的部分——机器学习。学习是人类最重要的智能行为，如果机器无法学习，也不能被称作智能。归纳学习是机器主要的学习方法。虽然卡尔纳普认为无法造出归纳机器，但是他提出的有限归纳机器为机器学习提供了理论支持，完善其理论有可能成为机器学习的突破口。②

卡尔纳普利用 C 函数构建起了“有限的归纳机器”，本质是逻辑概率这一概念的精确化。卡尔纳普为了计算 C 函数的值采用了“逻辑域”这个概念，一个句子的逻辑域是指使该语句为真的所有可能世界的集合。同时，卡尔纳普定义

---

① 邓生庆，任晓明 . 归纳逻辑百年历程 [M]. 北京：中央编译出版社，2006：176.

② 李洪吉 . 答案抽取的机器学习实现 [J]. 计算机产品与流通，2019（10）：106，108.

了“状态描述”与“结构描述”以刻画可能世界，并给出了计算 C 函数的方法。而当下人工智能运用的程序原理与卡尔纳普 C 函数的计算原理是不谋而合的。

（三）为科学实践提供合理依据

卡尔纳普归纳逻辑还为人们实践过程中的决策问题提供了合理的依据。人们在日常生活中总是面临着多种多样的选择而左右为难，纠结就在于如何让选择获知最优，并且利用最优方案为我们创造最大的利益。如果有这样一种方式，在我们进行选择之前，计算各种方案，然后得出精确的量值。根据这些方案的量值比较我们的行动，从而得到合理的解决。

卡尔纳普构建的归纳理论就是致力于为我们提供一种评估。他给出了一个方法论规则——“效用估计量取最大规则”，人们在多种可能的行为中选择一种，它能为我们所需要的结果实现效率最优化。这种规则在科学实践中，可以成为科学假说的接受规则。卡尔纳普坚信自己的归纳逻辑理论一旦与观察经验相结合就可以成为人们的生活向导。他说：“没有观察的归纳逻辑是空洞的，没有归纳逻辑的观察是盲目的。”[①]

二、卡尔纳普归纳逻辑的局限

（一）关于语言系统 L 的状态描述

在卡尔纳普的归逻纳辑 C^* 和 $\wedge$ 系统中出现了：对于涉及无穷领域的有限实验对象，它的逻辑概率为零，当然这个概率是无限趋于零。

这是因为随着 L 中个体常元与初始谓词的增加，状态描述将是一个天文数字。当个体常元无穷多时，状态描述的数目又会是不可数的。所以卡尔纳普建立了 $\wedge$ 系统，通过特征函数来计算状态描述的值。但是，它使任何一个普遍理论相对于有限证据的概率都等于零。科学理论和假说涉及的大多数是无穷的对象，因而用全称命题来表示，而人们在检验科学理论或者假说的经验证据则是有限的。因此，在卡尔纳普的 C^* 系统和 $\wedge$ 系统中：无论给定何种证据，在无穷个体域之内全称命题的逻辑概率都为零。[②] 波普尔认为这个结果是归纳逻辑的必

① 卡尔纳普 . 卡尔纳普思想自述 [M]. 陈晓山，涂敏，译 . 上海：上海译文出版社，1985：77.

② 熊立文 . 现代归纳逻辑的发展 [M]. 北京：人民出版社，2004：95.

然产物，它表明归纳逻辑的内在不一致性。在卡尔纳普看来，“无限全称的命题的概率为零”与人们的直觉相反只不过是表面现象。他表示需要构建一个避免这种情况发生的归纳系统，但是他认为这些其实并不重要，因为一个科学家或者工程师主要的工作是要预言未来。卡尔纳普已经无法解决这个困难了，他只能把单称预测假说的确证度作为全称假说的确证度。他最终回避了科学假说的确证问题，转向打赌理论的研究。

卡尔纳普对于休谟问题的回答采取的是整体性辩护，也就是说在其系统中除了演绎推理之外，其他原则都需要辩护。但是随着其归纳系统中“无限全称概率为零”问题的出现，他对休谟问题的辩护也变得逐渐失效，这也是他归纳体系的局限性所在。

（二）“概率 1”的合理性

关于卡尔纳普理论中概率 1 的合理性问题，曾受到多数经验主义哲学家的质疑。他们认为我们对单个事件的发生进行预测时，如果利用概率 1 这个概念会出现反确证原则。例如“明天是否下雨”这个单称事件所提供的证据，我们该怎样陈述有 1/5 的概率明天会下雨？对于明天下雨这一单个事件，我们所能观察到的只是下雨或者不下雨，对于概率值 1/5 我们是无法证实的。

对此，卡尔纳普给出了他的回答。基于对概率 1 的错误理解，反对者提出 1/5 的概率是被赋予了有关下雨的预测和天气预测之间的逻辑关系，而不是“明天下雨”这个陈述本身。卡尔纳普认为，既然反对者的概率预测是逻辑真理，那就不需要通过观察明天的天气来证实了。为此他进行了如下推理：

“h”为“明天下雨”。

“j”为“明天下雨并且刮风”。

通过演绎逻辑能够用 j 推出 h，对于归纳逻辑的“结论 h 相对于证据 e 的概率 1 是 1/5”原则，它和演绎逻辑也具有相同的情况。他认为，演绎逻辑陈述的是一种完全蕴涵，而归纳逻辑陈述的是一种部分蕴涵。这也是卡尔纳普区分演绎逻辑与归纳逻辑的根本所在。

（三）卡尔纳普归纳逻辑的合理性质疑

卡尔纳普归纳逻辑的合理性一直备受争议，施泰格·谬勒指出：“纯分析的陈述是不可能扩展内容的，是无法进行推理得到纯分析以外的东西的。如果卡尔纳普构建的系统 C（h，e）=r 是纯分析的，那么这个系统与过去所拥有的证据 e 同样无法提供任何关于未来的知识。”[①] 如此一来，卡尔纳普构建的系统依然没能解决原有疑难。接下来他又指出：“如果归纳逻辑可以进行未来预测的话，那么就会与卡尔纳普的理论产生分歧。他的理论如果对未来的预测具有合理性的话，C（h，e）=r 就不能是纯分析的陈述。”[②]

对于他的批评，卡尔纳普又提出了将无差别原则用于状态描述，然后赋予各个状态描述相等的概率。这对归纳逻辑来说无疑是致命的打击。所以，卡尔纳普又建立了一个“归纳方法连续统”，允许用无数种方法对状态描述赋予概率。最后，每个人对于归纳方法的选择取决于他自身的直觉。如此这样的话，卡尔纳普就等于放弃了原有的逻辑主张，转入了主观阵营。

由此可见，卡尔纳普构建的归纳逻辑体系中，前期与后期所涉及的领域是不同的。前期他着重提出一个利用概率论来表述归纳推理的普遍理论标准，为假设的证据寻找“确证度”。针对休谟问题，卡尔纳普在前期提出一种整体辩护的方式，他需要对除了演绎推理以外的所有归纳推理的原则和知识进行辩护。但是他遇到无法对 L 中的状态描述计数，以及在普遍理论中将有限的证据相对于全称命题的概率为零这一困难，所以他转向了打赌决策理论，他的这次转变为局部逻辑的产生奠定了基础。

卡尔纳普提出有限的归纳机器，即在一台机器中输入信息就可以获得结论，这与现代人工智能的特点异曲同工。即运用超级计算机进行大数据和云计算，通过对收集的数据进行统计，得出一定的概率值之后对事情的发生进行预测。我们有必要深入研究和完善卡尔纳普的公式为人工智能发展提供的智力支持。

另外，对卡尔纳普归纳逻辑理论进行考察，能够为现代经验科学的研究提供可靠的基础。归纳逻辑是在经验科学的发展过程中不断前进的，经验科学也不可能脱离归纳逻辑而独立发展。无论如何，卡尔纳普为归纳逻辑指出了一条可行的道路，也加固了经验科学的根基。

---

① 马亮．逻辑与科学合理性——R. 卡尔纳普科学逻辑初评 [J]. 广西大学学报（哲学社会科学版），1997（4）：7-14.

② 马亮．逻辑与科学合理性——R. 卡尔纳普科学逻辑初评 [J]. 广西大学学报（哲学社会科学版），1997（4）：7-14.

尽管他的归纳系统也存在着一定的争议，但是卡尔纳普的探索性研究以及计划本身仍具有重要价值。在他之后，有不少的研究者都为发展他的归纳逻辑理论做了进一步的研究工作。

第七章 现代归纳逻辑的科学基础

对于任何一个逻辑，必须面向有效的合理性辩护或者恰当性证明，因此，任何一个逻辑系统或者逻辑理论都必须包含蕴涵，也就是说，不存在无蕴涵的逻辑系统或理论，这也是某个理论或系统的科学基础所在。勃克斯构建的因果陈述逻辑系统也不例外。勃克斯也深知这一点，在他的因果陈述逻辑理论中，因果蕴涵是该形式系统的重要内容，也是它区别于其他形式系统的主要标志。勃克斯对因果陈述逻辑的构造就是从对因果蕴涵的描述和刻画开始的。因此，分析因果陈述逻辑及其现代归纳逻辑的科学基础，关键就在于正确地理解和把握因果蕴涵。

第一节 勃克斯的蕴涵观

本节主要对勃克斯的蕴涵理论进行评价，重点是将他提出的三种递进的蕴涵类型与传统的蕴涵类型进行纵向比较，同时将能够避免所谓的“蕴涵怪论”的两种蕴涵形式进行横向比较。

一、“蕴涵怪论”新解

通过前面对因果陈述逻辑的理论基础的阐述，我们看到，勃克斯将传统意义上的三种蕴涵形式——实质蕴涵（真值蕴涵）、严格蕴涵以及形式蕴涵（逻辑蕴涵）归为两类，即实质蕴涵（用“⊃”表示）和逻辑蕴涵（用“→”表示）。对实质蕴涵的解释与传统的含义相同，我们引用《逻辑学大辞典》中对这一概念所下的定义（下同）：“p 实质蕴涵 q（$p \supset q$），除了 p 真而 q 假的蕴涵式为假之外，其他真值情况下蕴涵式均为真。”[1] 而勃克斯所说的逻辑蕴涵则是传统分类

① 彭漪涟，马钦荣 . 逻辑学大辞典 [M]. 上海：上海辞书出版社，2004：393.

中的严格蕴涵，即“p 逻辑蕴涵 q（p → q），只有当由 p 必然得出 q 时蕴涵式才是真的，亦即 p 真而 q 假不仅是假的，而且是不可能的”。[①] 为了解决因果虚拟句的形式化问题，他提出了一种新的蕴涵形式“因果蕴涵（$\rightarrow_c$）”。然而与传统的蕴涵形式遇到的问题一样，因果蕴涵也出现了“蕴涵怪论”现象。

英文中，“paradox”一词有三层含义，其一是“与通常见解相对立的观点、看法”，即“似是而非”，这时应当理解为“悖论”；其二是“表面上似乎矛盾而实际上可能正确的说法”，即“似非而是”，这时应当理解为“怪论”；其三是“自相矛盾的荒谬说法（或者事物）”，即“似非而非”，这时应当理解为“谬论（谬误）”。因此，我们看到“paradox”，不能一概地将其译为“悖论”，否则是不妥当的。比如，罗素的“理发师悖论”，是根据公认正确的背景知识，使用逻辑上正确的论证（表现为“似是”），推出一个自相矛盾的结果（即“而非”），的确是悖论，因而译为“理发师悖论”是正确的。而通常我们所说的“蕴涵怪论”，比如“如果雪是黑的，那么 1+2=4”和“如果雪是黑的，那么 1+2=3”，尽管两个命题都是真命题，但是初看起来让人难以接受（“似非”）。因为“雪是否是白的”这种物理现象与“1+2 是否等于 3”这一数学知识毫无关联。而实际上对“实质蕴涵”的真值情况进行仔细分析之后，我们会发现，上述两个命题所反映的事实“一个假命题蕴涵任何命题”和“一个真命题可以被任何命题所蕴涵”都是正确的，并且是符合逻辑要求的（即“而是”）。所以，对于出现在蕴涵式中的这种“奇怪现象”，我们应当称其为“怪论”，而不是“悖论”。将其理解为“蕴涵悖论”则曲解了“悖论”的含义，是不准确的。那么，究竟什么是“蕴涵怪论”呢？它的本质是什么？勃克斯又是如何对它进行分析并由此对这一概念进行了什么样的扩展呢？这正是本小节将探讨的主要问题。

我们还是引用《逻辑学大辞典》中对“蕴涵怪论”所下的定义：“它是指一类与人们的直观不相符合的含有逻辑符号的逻辑定理。对于这些用形式语言表示的逻辑定理，当人们对其作出解释，并把其中的蕴涵符号解读为条件句中反映充分条件关系的联结词‘如果……，那么……’的时候，难以从直观上认同它们的逻辑真理性，这类逻辑定理因而被称为‘蕴涵怪论’。例如，经典命题逻

① 张清宇．逻辑哲学九章 [M]. 南京：江苏人民出版社，2004：149．

辑系统中有‘实质蕴涵怪论’，模态命题逻辑系统中有‘严格蕴涵怪论’。”[①] 实质蕴涵怪论和严格蕴涵怪论的出现，表明作为真值联结词的“实质蕴涵”（为了和勃克斯的蕴涵符号相统一，我们用“⊃”表示）和“严格蕴涵”（即勃克斯所说的“逻辑蕴涵”（→））与日常语言中表示充分条件关系的联结词“如果……，那么……”是有区别的，前者只是后者在真假关系方面的逻辑抽象，并没有顾及后者所包含的前、后件之间在内容、意义方面的联系。而这也是导致“蕴涵怪论”现象出现的根本原因。我们知道，用逻辑符号表达的逻辑命题抛开了一切具体内容，抽象为形式结构，建立了抽象的图式，从而使对象的本质方面以纯粹的方式呈现出来，以易于用简约而明确的形式表达所研究的结构和关系。从这一意义上说，实质蕴涵和严格蕴涵只不过是对蕴涵联结词的一种逻辑抽象，是一种真值函项，仅此而已。更何况，自然语言和符号语言本身就是两种差异很大的语言类型，因此，如果做这样一种科学的理解，那么所谓的“蕴涵怪论”，只不过是实质蕴涵和严格蕴涵的一些基本性质，根本就不怪。

对于这一问题，勃克斯也持相同的观点。然而，他对“蕴涵怪论”的表现形式进行了扩展，认为除了实质蕴涵和严格蕴涵会出现所谓的“怪论现象”之外，因果蕴涵同样也会出现“因果蕴涵怪论”，从而对因果陈述逻辑系统造成一定的影响。按照蕴涵由弱到强的顺序以及人们对蕴涵怪论的惯常理解，他指出，一个假命题实质蕴涵任何命题、一个因果不可能命题因果蕴涵任何命题、一个逻辑不可能命题逻辑蕴涵（即严格蕴涵）任何命题，与之相类似，一个真命题被任何命题所蕴涵、一个因果必然命题被任何命题因果蕴涵以及一个逻辑必然命题被任何命题逻辑蕴涵，这些都是“蕴涵怪论”的具体表现。它们可以被形式化为：

[14a] $\vdash \neg\Phi \supset (\Phi \supset \Psi)$　　[14b] $\vdash \Psi \supset (\Phi \supset \Psi)$

[14c] $\vdash \neg \Diamond^{c}\Phi \supset (\Phi \rightarrow_{c} \Psi)$　　[14d] $\vdash \Box^{c}\Psi \supset (\Phi \rightarrow_{c} \Psi)$

[14e] $\vdash \neg \Diamond \Phi \supset (\Phi \rightarrow \Psi)$　　[14f] $\vdash \Box \Psi \supset (\Phi \rightarrow \Psi)$

由此看出，[14a] 和 [14b] 是“实质蕴涵怪论”，[14c] 和 [14d] 是“因果蕴涵怪论”，[14e] 和 [14f] 是“逻辑蕴涵怪论”（“严格蕴涵怪论”）。其中，[14a] 和 [14b] 是命题演算系统中的定理、[14e] 和 [14f] 是严格蕴涵系统中的定理，它们刻画的

① 彭漪涟，马钦荣 . 逻辑学大辞典 [M]. 上海：上海辞书出版社，2004：394.

是一些有效的推理形式，因此并不是什么“怪论”。与传统的命题逻辑和模态逻辑不同的是，所谓的“因果蕴涵怪论”也是因果陈述逻辑系统中可以得到证明的定理，以对 [14c] 的证明为例：

（1）$\neg\Phi \vdash \Phi \supset \Psi$　　TF（真值函项公理）

（2）$\Box^{c}\neg\Phi \vdash \Box^{c}(\Phi \supset \Psi)$　　（1）概括规则

（3）$\vdash \Box^{c}\neg\Phi \supset \Box^{c}(\Phi \supset \Psi)$　　（2）条件证明

（4）$\vdash \neg\neg\Box^{c}\neg\Phi \supset \Box^{c}(\Phi \supset \Psi)$　　（3）TF

（5）$\vdash \neg\Diamond^{c}\Phi \supset (\Phi \rightarrow_{c} \Psi)$　　（4）[1d]、[1g]

对 [14d] 的证明和 [14c] 类似，这里就不一一详述了。可见，在因果陈述逻辑中，同样存在着所谓的“因果蕴涵怪论”。也就是说，无论是哪种类型的蕴涵，都会出现与之相伴随的“怪论现象”，用勃克斯的话说，我们不用对此感到奇怪，因为它们只不过是从日常语言到自然语言的转化过程中出现的一点点“不和谐”现象。①

在对“蕴涵怪论”作出了一个一般性解释的基础之上，勃克斯将研究的重点放在了对“逻辑蕴涵怪论”之不怪的阐释之上。笔者认为，这一点正是勃克斯对“蕴涵怪论”作出新的解释，即它其实是符合逻辑蕴涵推导规则的。“新解”的另一个表现就是他对“因果蕴涵怪论”的解释以及“非怪论因果蕴涵”和“省略的因果蕴涵”的提出（这部分内容将在后面介绍）。与传统对“逻辑蕴涵怪论”的解释不同，勃克斯将有效的演绎论证与逻辑蕴涵相结合，运用形式化的说明方法，论证了“逻辑蕴涵怪论”的不怪特征以及这种现象的出现，其实是逻辑的必然。

勃克斯指出，公式 [14e] 和 [14f] 的怪论特征的推导主要来源于逻辑蕴涵和有效性演绎论证的关联性。我们知道，定义一个演绎论证是有效的，当且仅当它的对应条件是逻辑真的，即它的前提逻辑地（必然地）蕴涵其结论。也就是说，一个包含矛盾式前提的论证和一个包含逻辑必然性结论的论证都是有效的。所以，演绎论证的推导规则允许从一个矛盾式中推出一个任意命题，也允许从一个（内容上）不相关命题推出一个逻辑上为真的命题，这也是逻辑蕴涵的正

①Arthur W Burks. Chance，Cause，Reason[M]. Chicago：The University of Chicago Press，1977：41.

确推理形式。因此，二者是相通的。

通常情况下，当我们建构一个有效的演绎论证时，我们的目的是通过有效的推导，从真前提得出一个真结论。如果前提是矛盾的（或者是假的）而且结论及其否定都要从前提中得出，那么我们便无法达到目的；如果前提与结论是不相关的，尽管结论是真命题，那么也达不到我们的目的。比如，尽管“天正在下雨和天没有下雨”逻辑蕴涵“吉普赛语源于梵语”，但是没有人会去证明吉普赛语是否源于梵语，原因就在于前提本身就是一个矛盾式。所以，在一个一般的演绎论证中，前提和结论在内容上往往是相关的，而并不是毫无联系的。而一旦二者的关系变成了逻辑的抽象，虽然该论证是有效的，但是人们从直观及心理上往往难以接受，从而将其诉诸于“奇怪的现象、无法达到论证的目的”等。我们看到，正是由于逻辑蕴涵与演绎论证有着相互对应的关系，勃克斯才能够通过对演绎论证的形式化分析，论证“逻辑蕴涵怪论”的合理及必然性。

他对演绎论证的分析是沿着这样的思路进行的：[1] 将一个演绎论证看作一个前提是公理、结论是定理的小型逻辑系统。通常情况下，我们构建一个能够被解释的逻辑系统，目的就是通过选择公理使得我们想要确定的一类真陈述成为定理。如果这一目的能够实现，那么与逻辑蕴涵怪论相关的两个条件也会得到满足。其一是该逻辑系统必须具有一致性，否则根据公理得出的所有命题将无法判断真假；其二，虽然其中的某些公理可能是多余的，但是它们仅仅只是其中的一部分而不能是全部，否则整个推导也是无意义的了。勃克斯指出的这两点正好是构成“逻辑蕴涵怪论”两种情形的推理结构。在这种类型的论证中，似乎归谬证明（归谬法）是一个例外情况，但是事实并非如此，这一点用下述规则可以说明。

[7b] 如果 $\neg\Phi \vdash \Psi \wedge \neg\Psi$，那么 $\vdash \Phi$（归谬证明规则）。

[7c] 如果 Φ_1，Φ_2，…，Φ_n，$\neg\Psi \vdash \Psi$，那么 Φ_1，Φ_2，…，$\Phi_n \vdash \Psi$（归谬证明规则）。

它们是因果陈述逻辑系统中的两个推导规则，同时它们也表达了数学中的归谬法思想，这一点是显而易见的。而勃克斯的创新之处就在于：他认为对于

①Arthur W Burks. Chance，Cause，Reason[M]. Chicago：The University of Chicago Press，1977：414.

[7b] 来说，根据上述分析，从 $\neg\Phi$ 到 $\Psi \wedge \neg\Psi$ 的证明是一个“间接证明”，并且相应地对 Φ 的证明则是一个“直接证明”。显然，间接证明的前提是矛盾的，但是它只是直接证明的一个步骤，直接证明并没有出现矛盾的前提。另外，当我们运用 [7c] 时，它的直接证明前提是一致的，而当我们运用 [7b] 时，我们希望作为前提的逻辑系统也是一致的。在这里，勃克斯想要说明的是，从数学的角度出发，间接证明有一个非形式的特点，即它并没有受到“一个矛盾命题逻辑蕴涵任何命题”的制约，在实际的间接证明中，使用作为矛盾式的前提或者与前提有相关内容的命题，目的就是和间接证明（相对应的推理中）条件的前件和条件的后件有共同的内容。相比之下，根据规则“一个矛盾命题逻辑蕴涵任何命题”，在一个矛盾式和一个与之完全不相关的命题之间仅仅有一个逻辑上（形式上）的连接，比如“如果 2+2=5，那么今天是星期一”。这表明在数学领域中，研究者通常会将目标指向具有一致性前提的证明，而他们运用的正好是包含矛盾的前提来实现这一目标。[7b] 和 [7c] 能够通过证明而被判断为有效的推导规则，这种证明方法可以是将间接证明转化为直接证明的方法，其中起作用的关键因素就是对双否律的运用。但是，对于某些直观主义者来说，因为他们不承认双否律，所以在他们看来，间接证明无法自然地形成直接证明，而且他们要求一个好的证明要有一个一致的前提，因此，相对于直接证明，他们认为间接证明是不可取的。比如，一个从 Φ_1，Φ_2，…，Φ_n 到 Ψ 的证明可以用这种形式表达：如果 Φ1，Φ_2，…，Φ_n，那么 Ψ。这种形式就不包含不一致的前提，即其前件不包含矛盾式。而一旦遇到下述情况，对于包含“如果……，那么……”联结词的条件句，就会出现相反的结果。比如：

（今天是星期三和星期四）→（玛丽会跳舞）

是一个真命题，

而如果今天是星期三和星期四，那么玛丽会跳舞。

则是一个假命题。差别就在于联结词“→”和“如果，那么”的不同。而根据蕴涵的逻辑性质，上述两个命题都是真的。由此看出，这正是“蕴涵怪论”的表现形式。

基于此，勃克斯强调，将有效的演绎论证定义为它的前提逻辑蕴涵其结论，这只是一个演绎论证具有有效性需要满足的最重要的条件，但是这并不包含演绎论证有效性中一些重要的非形式化内容。一般情况下，当我们说一个推理的前提逻辑蕴涵其结论时，这些非形式化内容往往是存在的；而且如果将抽象的逻辑形式与非形式化的事实内容完全对立起来，很容易就像某些直观主义者那样，认为上述两个命题都是假的。可见，对于直观主义者，或者说仅仅从文字内容上去判断一个正确的蕴涵结构，从而误认为该蕴涵式为“怪论”的那些人，都将形式语言和自然语言完全割裂开了，因此从心理上往往难以接受，才会觉得奇怪。最后，勃克斯又构造了与所谓的“蕴涵怪论”密切相关的六个元定理，进一步澄清了“蕴涵怪论”的逻辑必然性。它们分别是：[①]

[15a] $\vdash[(\Phi\supset\Psi)\wedge(\Phi\supset\neg\Psi)]\equiv\neg\Phi$

[15b] $\vdash[(\Phi\supset\Psi\wedge\neg\Psi)]\equiv\neg\Phi$

[15c] $\vdash[(\Phi\rightarrow_{c}\Psi)\wedge(\Phi\rightarrow_{c}\neg\Psi)]\equiv\neg\Diamond^{c}\Phi$

[15d] $\vdash[(\Phi\rightarrow_{c}\Psi\wedge\neg\Psi)]\equiv\neg\Diamond^{c}\Phi$

[15e] $\vdash[(\Phi\rightarrow\Psi)\wedge(\Phi\rightarrow\neg\Psi)]\equiv\neg\Diamond\Phi$

[15f] $\vdash[(\Phi\rightarrow\Psi\wedge\neg\Psi)]\equiv\neg\Diamond\Phi$

其中，元定理 [15a]、[15c]、[15e] 表明，对于所有的蕴涵式来说，在充分和必要的条件下，两个命题“如果 Φ，那么 Ψ”和“如果 Φ，那么 ¬Ψ”都是真的，原因就在于 Φ 是假的、因果不可能的或者逻辑不可能的。与此相对应，元定理 [15b]、[15d]、[15f] 表明，对于所有的蕴涵式来说，在充分和必要的条件下，命题“如果 Φ，那么（Ψ ∧ ¬Ψ）”也是真的。

总之，在因果陈述逻辑系统中，蕴涵强度介于逻辑蕴涵和实质蕴涵之间的蕴涵形式——因果蕴涵也有其所谓的“怪论”，而且怪论的表现形式与前两种蕴涵类型是十分类似的。可见，无论是经典逻辑，还是勃克斯构造的以研究因果律、因果必然性和因果先验概率为目的的因果陈述逻辑结构，都存在着“怪论”现象。尽管因果蕴涵怪论是经典逻辑中两种蕴涵怪论形式的扩展，而且勃克斯对其合理性和逻辑必然性进行了分析和论证，但是他对此并不满足，为了找到更好、更实用的蕴涵模式，他对因果蕴涵进行了深入的研究，并提出了“非怪论因果蕴涵”，而这一点正是他对“蕴涵怪论”新的解决方式的第二个表现。

---

①Arthur W Burks. Chance，Cause，Reason[M]. Chicago：The University of Chicago Press，1977：415.

二、递进的三种蕴涵类型

（一）从因果蕴涵到非怪论因果蕴涵

勃克斯为了刻画因果规律，并且形式化它的两个基本性质，提出了“非怪论因果蕴涵”。而这一概念的提出，除了上述原因之外，还有一个动因就是为了避免“因果蕴涵怪论”造成混淆。邓生庆、任晓明的著作《归纳逻辑百年历程》将这一概念翻译为“非悖论因果蕴涵”，按照本章开始对“paradox”的解释，笔者认为，将其理解为“非怪论因果蕴涵”更为恰当、合理，也符合我们对传统“蕴涵怪论”的称呼。

如前所述，从“因果”的一般意义上来说，一个因果不可能的事情不能成为任何事情的原因，而一个因果必然性的事情也不能被任何事情所引起。而这两点恰好与“因果蕴涵怪论”所具有的逻辑性质是相反的。于是，勃克斯用“非怪论因果蕴涵”（npc）来代替因果蕴涵，即：

[17a] $\Phi \mathrm{npc} \Psi =_{df} (\Phi \rightarrow_{c} \Psi) \wedge (\Phi \bigcirc \Psi) \wedge \Diamond^{c}\Phi \wedge (\neg \Box^{c}\Psi)$

其中，Φ 和 Ψ 的逻辑独立性不是特别必要的，因此，我们得到了下面的定理：

[17b] $\Phi \mathrm{npc} \Psi = (\Phi \rightarrow_{c} \Psi) \wedge \Diamond(\Phi \wedge \neg\Psi) \wedge \Diamond(\neg\Phi \wedge \Psi) \wedge \Diamond^{c}\Phi \wedge (\neg \Box^{c}\Psi)$ ①

从定义中可以看出，非怪论因果蕴涵是在因果蕴涵的基础上，附加了四个条件，从而形成了对因果蕴涵的制约，笔者认为可以对这四个条件进行这样的分析：根据真值函项公理，$\Diamond(\Phi \wedge \neg\Psi) \equiv \neg(\Phi \rightarrow z)$，$\Diamond(\neg\Phi \wedge \Psi) \equiv \neg(\neg\Phi \rightarrow \neg\Psi)$，$\Diamond^{c}\Phi \equiv \neg \Box^{c} \neg\Phi$，再加上 $\neg \Box^{c}\Psi$，这几个条件通过联结词“合取”加以连接，已经对 $\Phi \rightarrow_{c} \Psi$ 形成了层层的限制，使得它不可能再出现“因果蕴涵怪论”所具有的两种“奇怪”的现象。这样一来，在对某些陈述进行形式刻画时，它便能够取代因果蕴涵，成为更好的形式模型。

以此为基础，勃克斯又证明了与非怪论因果蕴涵相关的其他三种蕴涵形式的一些定理，比如：②

---

①Arthur W Burks. Chance，Cause，Reason[M]. Chicago：The University of Chicago Press，1977：428.

②Arthur W Burks. Chance，Cause，Reason[M]. Chicago：The University of Chicago Press，1977：429.

[18a] $\vdash$（ΦnpcΨ）⊃¬（Φ → Ψ）

也就是说，非怪论因果蕴涵和与其相对应的逻辑蕴涵是不协调的。那么，它与逻辑蕴涵怪论肯定也是不一致的了。这一点是它能够避免“逻辑蕴涵怪论”的重要原因。当然，它和因果蕴涵、实质蕴涵是相容且一致的。另外，对于前面提到的两个命题“如果Φ，那么Ψ”和“如果Φ，那么¬Ψ”同时为真的情况，对于逻辑蕴涵、因果蕴涵和实质蕴涵二者是能够同时成立的，但是对于非怪论因果蕴涵情况却大不相同。具体表现为：

[19a] $\vdash$¬[（ΦnpcΨ）∧（Φnpc¬Ψ）]

[19b] $\vdash$¬[Φnpc（Ψ ∧ ¬Ψ）]

勃克斯分别对它们进行了证明，上述两个定理是成立的。因此，非怪论因果蕴涵无疑是因果蕴涵的深化，它与逻辑蕴涵的互相排斥使它绕开了“逻辑蕴涵怪论”，上述两个定理的得出又使它绕开了“因果蕴涵怪论”和“实质蕴涵怪论”。到这里，勃克斯是否已经将蕴涵类型挖掘到了极致呢？答案是否定的，他在肯定非怪论因果蕴涵的同时也发现了它的不足，并提出了一种新的蕴涵类型——省略的因果蕴涵。

（二）省略的因果蕴涵

省略的因果蕴涵定义是在非怪论因果蕴涵的基础上提出的。勃克斯指出，对于条件句“如果事实是ψα，那么就会出现θα。”，我们往往用“(∃ϕ)[ϕα ∧ ((ϕα ∧ ψα) npc (θα))]”进行形式刻画。在该公式中，运用非怪论因果蕴涵可以避免因果蕴涵所引起的不必要的麻烦，是比较准确的一种刻画方式。另外，由于上述条件句也是大部分虚拟句式所采取的表达形式，因此“(∃ϕ)[ϕα ∧ ((ϕα ∧ ψα) npc (θα))]”的应用十分广泛。而对(∃ϕ)[ϕα ∧ ((ϕα ∧ ψα) npc (θα))]进一步定义，就会得到省略的因果蕴涵（elliptical causal implication），即：

[21a]（ψα）ec（θα）$=_{df}$(∃ϕ)[ϕα ∧ ((ϕα ∧ ψα) npc (θα))]

[21b] ΨecΘ$=_{df}$(∃ϕ)[ϕα ∧ ((ϕα ∧ ψα) npc (θα))]

这里需要注意的是，在第二章我们给出的形成规则中不允许对谓词变元和陈述变元进行量化，而 [21a] 和 [21b] 则允许，所以定义 [21a] 和 [21b] 中的谓词量词和陈述量词是因果陈述逻辑的非正式扩张。我们看到，省略的因果蕴涵是非怪论因果蕴涵的符号简化，从这一意义上说，后者是前者的形式递进。除此之外，省略的因果蕴涵比非怪论因果蕴涵的蕴涵效力更强，这一点正是勃克斯对其进行研究的根本原因。笔者认为，这种较强的因果蕴涵效力主要表现在以下几个方面：

第一，省略的因果蕴涵和非怪论因果蕴涵这两种蕴涵类型均强于实质蕴涵。这一点通过定理 [11c]、[18d] 以及对定理 [22]（$\Psi ec \Theta$）$\supset$（$\Psi \supset \Theta$）的证明可以得到。

第二，在移出律的运用上，省略的因果蕴涵具有更强的功能。在元定理 [13] 中，从左到右可以得到 $(\Phi \wedge \Psi \rightarrow_c \Theta) \supset [(\Phi \rightarrow_c (\Psi \supset \Theta))]$。该元定理中的最后一个蕴涵式是实质蕴涵，所以该定理为真。而定理 $(\Phi \wedge \Psi \rightarrow_c \Theta) \supset [(\Phi \supset (\Psi \rightarrow_c \Theta))]$ 则是假的，原因就在于其中的最后一个蕴涵式是因果蕴涵，它的前件 Ψ 并不包含使 Θ 成立的那些因果充分条件，这一点对于非怪论因果蕴涵也是如此。（勃克斯对此已经作出了证明，这里不再详述）与这两种因果蕴涵类型在移出律中的作用不同，省略的因果蕴涵能够被“移出”，即

[23a] $[(\Phi \wedge \Psi)\ ec\Theta] \supset [\Phi \supset (\Psi ec\Theta)]$

[23b] $(\Phi \wedge \Psi)\ npc\ \Theta] \supset [\Phi \supset (\Psi ec\Theta)]$

（证明略）可见，省略的因果蕴涵完全能够作为移出律的最后一个蕴涵式而不会使得上述两个定理为假。

第三，针对前面提到过的两个相关的命题陈述“如果 Ψ，那么Θ”和“如果 Ψ，那么 ¬Θ”是否能够同时为真，以及对于“如果 Ψ，那么（Θ∧¬Θ）”能否为真的问题，对于朴素的因果蕴涵来说，两个问题的答案都是肯定的（参见定理 [15c] 和 [15d]）；对于非怪论因果蕴涵来说，两个问题的答案都是否定的（参见定理 [19a] 和 [19b]）；对于省略的因果蕴涵来说，答案分别是“只有在一个特定的条件下才能够同时为真”和“不能为真”，即

[24a] $[(\Psi ec\Theta) \wedge (\Psi ec\neg\Theta)] \supset \exists \Lambda [\Lambda \wedge \neg \Diamond^c (\Lambda \wedge \Psi)]$

[24b] $[((\psi\alpha)\ ec\ (\theta\alpha)) \wedge ((\psi\alpha)\ ec\ (\neg\theta\alpha))] \supset \exists \lambda [\lambda\alpha \wedge \neg \Diamond^c (\lambda\alpha \wedge \psi\alpha)]$

（证明略）。由此看出，这一“特定的条件”指的就是在省略的因果蕴涵中，与前件一起构成对后件因果充分的条件，尽管并没有明确地被提出，但是它已经得到了满足。正是由于这一原因，省略的因果蕴涵才能代替非怪论因果蕴涵对

这类因果虚拟句进行形式刻画。

（三）与传统蕴涵类型的比较

为了更明确地说明传统的两种主要蕴涵类型——实质蕴涵和逻辑蕴涵（严格蕴涵）与勃克斯创造的三种蕴涵类型——因果蕴涵、非怪论因果蕴涵、省略的因果蕴涵之间的区别和联系，我们用下面的表格来表示五种蕴涵类型的本质属性。

蕴涵的种类	当“如果……，那么……”被给定的蕴涵符号替换时，下列表达式是定理吗？		
名称	符号	（如果Φ∧Ψ，则Θ）→[Φ→（如果Ψ，那么Θ）]	¬[（如果Φ，那么Θ）∧（如果Φ，那么¬Θ）]	¬（如果Φ，那么Θ∧¬Θ）
实质蕴涵	⊃	是	不是	不是
逻辑蕴涵	→	不是	不是	不是
因果蕴涵	$\rightarrow_c$	不是	不是	不是
非怪论因果蕴涵	npc	不是	是	是
省略的因果蕴涵	ec	是	不是	是

通过该表格可以看出，蕴涵符号并不仅仅是对联结词“如果……，那么……”的逻辑抽象，用五种不同的蕴涵联结词去代替所给定理中的“如果……，那么……”，得到的结果不尽相同，但是都反映了所对应的蕴涵类型的逻辑特性。其中，（如果Φ∧Ψ，则Θ）→[Φ→（如果Ψ，那么Θ）]表示移出律，如前所述，只有实质蕴涵和省略的因果蕴涵能够代替“如果……，那么……”并保持该移出律的有效性，从而成为定理。而其余的三种蕴涵符号置换“如果……，那么……”后所得到的公式都是无效的。也就是说，尽管实质蕴涵的蕴涵强度最低，它只反映了条件联系之间的共性——真假联系。但是，正是由于它的这一逻辑特性，才使得实质蕴涵比其他蕴涵的适用范围要广，也比其他蕴涵简便。而在勃克斯的因果陈述逻辑系统中，因果蕴涵的强度居于实质蕴涵和逻辑蕴涵之间，作为因果蕴涵类型中的最高级形式，省略的因果蕴涵也能够代替“如果……，那么……”而保证其有效性。

对于表达式“¬[（如果Φ，那么Θ）∧（如果Φ，那么¬Θ）]”，只有非怪论因果蕴涵的联结词“npc”才能够对其中的联结词“如果……，那么……”进行置换并保持其有效性不变。这一点很容易理解，将上述表达式中的否定联结词“¬”消去后，所得到的就是本章中一直提到的两个条件句“如果Φ，那么Θ”和“如果Φ，那么¬Θ”的合取。而非怪论因果蕴涵本身就是为了避免出现上述情况才被提出的。所以“npc”的含义就是不会产生歧义和怪论现象的蕴涵符号，置换“(如果Φ，那么Θ)∧(如果Φ，那么¬Θ)”中的联结词“如果……，那么……”后得到的公式肯定是假的，而置换“¬[（如果Φ，那么Θ）∧（如果Φ，那么¬Θ）]”中的联结词“如果……，那么……”后得到的公式则是真的。其余四种蕴涵形式都能够满足“(如果Φ，那么Θ）∧（如果Φ，那么¬Θ)”，即无法满足“¬[（如果Φ，那么Θ）∧（如果Φ，那么¬Θ）]”，所以，分别用它们去代替“¬[（如果Φ，那么Θ）∧（如果Φ，那么¬Θ）]”中的联结词“如果……，那么……”，得到的公式必然不是定理。对于最后一个表达式“¬(如果Φ，那么Θ∧¬Θ)”，只有非怪论因果蕴涵和省略的因果蕴涵分别用其联结词“npc”和“ec”代替“如果……，那么……”，所得到的表达式才是定理，其余三种蕴涵类型进行置换后得到的公式则是假的。这一分析过程与置换“¬[（如果Φ，那么Θ）∧（如果Φ，那么¬Θ）]”类似，故在此不再赘述。

通过对上述表格的分析我们看到，与传统的两种蕴涵类型——实质蕴涵和逻辑蕴涵相比，因果蕴涵及其扩展类型——非怪论因果蕴涵和省略的因果蕴涵在不同的条件句中起着不同的作用，这三种新的蕴涵形式不仅使因果陈述逻辑得到更加准确的刻画，而且进一步丰富了蕴涵理论，为我们对“蕴涵怪论”进行研究提供了一个新的角度和思路。

三、对避免“蕴涵怪论”的两种蕴涵类型的思考

（一）相干蕴涵

综观近现代的蕴涵理论，暂且抛开对其优劣的评价，其中有两种蕴涵类型的提出是为了避免“蕴涵怪论”所带来的一些不必要的混淆。除了勃克斯的非怪论因果蕴涵之外，还有一种就是阿克曼（R.M.Akermann）提出的“严密蕴涵”（后来被称为“相干蕴涵”，我们用“A⇒B”表示）。他指出，A严密蕴涵B表达的是A和B之间的逻辑关系，使得B的内容是A的内容的一部分，而与A和B的真值毫无关系。这就是说，A相干蕴涵B，当且仅当，A与B之间具有

某种共同意义的内容，使得由 A 可以逻辑地推出 B。[①]1960 年，贝尔纳普（N .D. Jr. Belnap）进一步研究了不同命题具有共同意义内容的形式表现，认为命题之间内容的共同性是由变元的共同出现来保证的，因而他提出了著名的相干原理：如果 A 相干蕴涵 B，则 A 和 B 至少有一个共同的命题变元；或者说，A 与 B 相干的必要条件是，A 与 B 具有共同的命题变元。[②]1956 年，阿克曼构造了两个基于相干蕴涵的相干逻辑系统，1959 年，安德森（A. R. Anderson）和贝尔纳普提出了相干逻辑的 R 系统，它是由相干蕴涵和真值联结词构造而成的。R 中的“A ⇒ B”表示 A 是 B 的相干的充分条件。如前所述的相干原理在 R 中成立，并且是 R 系统的根本特征。也就是说，如果 A ⇒ B 是 R 的定理，则 A 和 B 至少有一个共同的命题变元。

由于 R 系统中引入了相干蕴涵，A ⇒ B 当且仅当 A 与 B 存在着内容上的相互联系，所以，在 R 系统中排除了像“真命题被任一命题所蕴涵”等蕴涵怪论，排除了“不相干谬误”。“不相干谬误”，指的就是由一个命题推出另一个意义上毫不相关的命题，也就是说导出了违反 R 的相干原理的定理。除此之外，安德森和贝尔纳普还提出了另一个相干逻辑的系统——衍推系统 E。它在遵守相干原理的基础上，还满足衍推关系，即不仅 A 相干蕴涵 B，而且 A 和 B 之间的这种蕴涵关系还具有必然性。因此，衍推不仅要求推理的前件和后件相干（前件和后件至少有一个共同的命题变元），而且要求前件和后件之间有必然的联系，即如果 A ⇒ B，那么 A → B 必然为真。因此，衍推关系是严格蕴涵与相干蕴涵的有机结合。由于衍推既要求相干又要求必然，所以衍推系统 E 就是一个相干的严格蕴涵系统，这是 E 不同于 R 的主要之处。一方面，E 是相干逻辑，相干原理在 E 中成立；另一方面，E 是模态逻辑，A ⇒ B 具有必然性。而这一点恰恰弥补了相干逻辑的局限性：即它虽然反映命题之间意义、内容上的联系，但没有反映命题之间的必然联系。相干逻辑系统 R 尽管避免了“不相干谬误”，却无法避免“模态谬误”——一个必然命题由一些实然命题推演出来。因此，相干蕴涵系统 R 只避免了“不相干谬误”，而衍推系统 E 不但避免了“不相干谬误”，

①R Akermann. Begrundung einer Strengen Implication[J]. J. Symbolic Logic21，1956：113-128.

②N D Jr Belnap. Entailment and relevance[J]. J. Symbolic Logic25，1960：144-146.

还避免了“模态谬误”，是一种避免“蕴涵怪论”的更好的解决办法。

（二）非怪论因果蕴涵与相干蕴涵的对比

如前所述，在各种蕴涵类型中，能够使得“蕴涵怪论”现象不出现的蕴涵形式主要有两种——非怪论因果蕴涵和相干蕴涵。对二者进行比较，我们看到，它们的区别主要表现在以下三个方面：

第一，理论基础不同。非怪论因果蕴涵属于因果蕴涵，它不仅是勃克斯因果陈述逻辑理论中的重要内容，而且是勃克斯对因果必然律进行论证的主要工具。它是在勃克斯创新性地提出“因果蕴涵”概念的基础上产生的。由于因果蕴涵也会带来“蕴涵怪论”现象，于是勃克斯在其基础上附加了四个条件，从而形成了对因果蕴涵的制约，因此得到了非怪论因果蕴涵这一蕴涵类型。从根本上说，非怪论因果蕴涵是因果陈述逻辑理论的产物，是该理论体系的一个重要组成部分，并且满足它的某些公理、定理等。因此，它能够绕开“蕴涵怪论”，也是在因果陈述逻辑系统这一基本的理论前提下完成的。运用非怪论因果蕴涵来刻画因果必然律，对因果必然律进行形式化的分析及论证，是勃克斯构建因果陈述逻辑系统的重要目的。

与非怪论因果蕴涵的理论基础——因果陈述逻辑有所不同，相干蕴涵的提出，则是基于严格蕴涵所带来的“蕴涵怪论”，其中关键的一点是假命题可以被任一命题（包括毫无内容和意义联系的命题）所蕴涵。针对这一现象，阿克曼构造了“相干”（更准确地说，是“相关”）的蕴涵形式，从而避免了上述现象的发生。而他之后所构建的两个相干逻辑系统，仍然是以相干蕴涵的相关理论为基础的。也就是说，相干蕴涵以及后来的衍推系统E，它们的理论基础并非是某个逻辑系统，而是“蕴涵怪论”的具体表现形式。与非怪论因果蕴涵不同，相干蕴涵是两个相干逻辑系统的理论来源，并且为衍推系统的建构奠定了基础。因此，从这个角度看，非怪论因果蕴涵的理论基础是因果陈述逻辑，而相干蕴涵则构成了相干逻辑的理论基础，这一顺序和方向是不同的。

第二，所起的作用不同。非怪论因果蕴涵在勃克斯的蕴涵理论中起着承上启下的作用，它的这种衔接功能主要体现为：它介于因果蕴涵和省略的因果蕴涵之间，在避免“蕴涵怪论”现象发生的同时又引起了另外一个现象，从而使得省略的因果蕴涵的出现成为可能。与因果蕴涵相比，非怪论因果蕴涵能够形式化更多具有因果必然性的自然律，而它自身的缺点则是勃克斯提出“省略的因果蕴涵”的根本原因。在因果蕴涵的三种形式中，非怪论因果蕴涵的蕴涵强度适中，正是因为如此，它比另外两种蕴涵形式具有更为广泛的应用范围。在勃克斯的因果陈述逻辑系统中，大部分的论证都是由非怪论因果蕴涵这一蕴涵形式刻画的，可见它的作用十分重要。而相干蕴涵则不同，作为一种不同于严格蕴涵等传统类型的蕴涵形式，它所起的作用主要是为相干逻辑系统，尤其是衍推系统搭建了一个理论平台，从而使得始于相干蕴涵的一系列理论不断地发展和完善。从相干蕴涵到相干逻辑系统，再从相干蕴涵系统 R 到衍推系统 E，其中相干蕴涵是贯穿这一发展过程的一条主线，起着非常重要的作用。

第三，应用的范围不同。根据前面对非怪论因果蕴涵和相干蕴涵的内容阐述，以及二者的上述两点区别，我们很容易得出它们的另外一个不同之处——应用范围不同。非怪论因果蕴涵主要运用于对因果必然律及其相关论证的形式刻画，并且往往是在因果陈述逻辑系统中进行的。它与因果蕴涵、省略的因果蕴涵一起，共同构成了勃克斯的因果蕴涵理论。因此，非怪论因果蕴涵的应用范围是因果陈述逻辑。与此不同的是，相干蕴涵的应用范围则较为广泛。它并不仅仅局限于相干蕴涵的逻辑系统，在其他的逻辑系统中也能够加以应用。所以，从这个意义上说，二者的应用范围存在着差异，后者的应用范围与前者相比较为广泛。

总之，尽管“蕴涵怪论”现象并不奇怪，它是逻辑推理的必然，但是我们可以运用非怪论因果蕴涵和相干蕴涵这两种蕴涵类型去刻画一些推理和论证，从而避免谬误，使得推理的有效性得到进一步的增强。

第二节　因果陈述逻辑的模态意义

“因果可能世界”是勃克斯利用类比这一强大的方法论武器将归纳逻辑和演绎逻辑进行了完美的结合，从而实现了逻辑结构和系统的新飞跃。由此可以看出，归纳不仅是逻辑问题，更是科学问题，在科学发现和科学检验中它总是和认知相伴而行。而因果陈述逻辑作为多学科交叉的、新兴的逻辑类型，它在科学认识论中的作用将会越来越明显。

一、因果蕴涵的科学模态性

在严格蕴涵的定义中，首次引入了“可能”这个模态概念。实际上，蕴涵和模态之间本身便存在着一种天然的联系。无论是哪种蕴涵类型，从逻辑的角度对其进行解释，都会涉及前件和后件之间是否存在必然性的联系以及这种必然性联系的具体内容是什么。甚至在避免“蕴涵怪论”的相关理论中，衍推系统 E 能够将“模态谬误”排除，从而比较彻底地避免“蕴涵怪论”。可见，从模态刻画的意义上说，各种不同的蕴涵都具有相对应的逻辑解释，因果蕴涵也不例外。

我们可以先从因果蕴涵的定义来分析它的模态特征。Φ 因果蕴涵 Ψ，意即因果必然的，Φ 因果蕴涵 Ψ。也就是说，勃克斯从一开始就对因果蕴涵进行了模态解释。笔者认为，勃克斯为实质蕴涵中前后件之间的真假联系加上了一个因果必然性的限制条件，即前件和后件之间不仅具有必然性的关系，而且这种关系是因果性的。他利用模态逻辑中的“必然”概念和传统蕴涵类型的结合，构造出了能够解决因果虚拟句的形式化表达的蕴涵类型，并以此为基础，创造了一系列模态性的因果概念，比如因果等值、因果必然等。也就是说，勃克斯受到模态逻辑的影响和启发，为他的理论加入了“模态”知识，从而形成了他独特的因果陈述逻辑理论。

除了含义之外，我们还可以从“逻辑真”的角度来分析它的模态性。$\Phi \rightarrow_c \Psi$ 为真当且仅当 $\Phi \supset \Psi$ 在所有的因果可能世界上都为真。这里“所有的因果可能世界”就是勃克斯对因果蕴涵所作出语义解释的理论基础。正如刘壮虎教授所说：“从语义上看，‘α 蕴涵 β’为真是相对于某个解释而言的，依赖于 α 和 β 在这个解释下的值，反映了 α 和 β 在这个解释下的具体的联系。……”[①] 那么，根据因果陈述逻辑系统的语义解释，“$\Phi \rightarrow_c \Psi$”的真值是在模态逻辑中得以解释的，只不过勃克斯将一般意义上的（逻辑）可能世界变成了因果可能世界，从而使我们得到了关于蕴涵的一个新的解释方式。

---

① 刘壮虎．逻辑系统中的蕴涵 [M]// 中国逻辑学会．逻辑今探．北京：社科文献出版社，1999：59.

二、因果可能世界的模态含义

按照勃克斯的因果陈述逻辑理论，因果可能世界是在可能世界语义学基础上的一个扩展，即增加了因果必然和因果可能这两个具有“因果性”的语义解释。从因果陈述逻辑系统，尤其是其语义方面就可以看出，因果可能世界是勃克斯用来解释其理论的重要工具。所以，勃克斯运用这一抽象的逻辑解释为其整个归纳逻辑体系建构了一个语义模型的平台。

在此基础上，勃克斯将必然性分为逻辑必然性和因果必然性，并且提出逻辑必然性要强于因果必然性，因果必然性则强于实然性，充分说明勃克斯对现代模态逻辑的成功运用。笔者认为，因果可能世界的模态含义不仅仅是指逻辑必然性、因果必然性等模态特征，更重要的是，它是一个全新的模态形式，是因果陈述逻辑模态模型的理论基础。根据前面的内容，整个因果陈述逻辑的模态模型结构是一一对应的。模型的语言部分 L 所具有的关于世界描述的网络结构对应于假想个体域 M 中相应的世界网络结构。这样的话，L 中的每一个“世界描述”都能够精确地刻画一个相对应的“世界类型”，从而能用模型 M 来解释语言 L 中的公式和语法表达式。从这一意义上说，包含因果可能世界在内的模态模型就是典型的“因果性”和“模态性”的统一体。

不难看出，“因果可能世界”本质上是一般可能世界理论的继承和推广，二者的核心思想是共同的，都是对逻辑系统的抽象解释，都是出于一般模态逻辑的思想。但是，唯有勃克斯将一般模态逻辑进行了移植，从而在认识上形成了一个巨大的飞跃，这种创造性和想象力可见一斑。

综上所述，在勃克斯的理念中，他已经将归纳推理和认知逻辑进行了碰撞和融合，科学的求律性和逻辑的求真性在因果陈述逻辑中已经开始互相渗透了。当传统的推理方式无法满足哲学认知的实现时，现代归纳逻辑发挥了它的作用，因果陈述逻辑以其特有的追求科学认知的性质来完成了对因果必然性的推理和证明，这不能不说是逻辑和知识的一种进步。

第八章 现代归纳逻辑的哲学意蕴

和传统归纳逻辑相比，现代归纳逻辑是用数理逻辑和概率理论等数学工具对归纳推理进行形式化和公理化的研究。从现代归纳逻辑的观点看，凡是其结论超出了前提所断定的范围，前提与结论之间关系是概然性的推理都是归纳推理，它不仅仅是一种归纳概括，而且是一种检验假说的推理。20 世纪二三十年代以后，概率归纳逻辑得以产生和发展，它是把归纳推理中前提对结论的支持程度概率化，应用更加精确的计算来刻画和表达或然性推理。这种逻辑方法使得科学家和逻辑学家们建立起了一个个归纳逻辑系统，并应用于科学发现和科学假说中，从而促进了自然科学的进步，对于科学方法论的合理建构提供了归纳方面的支持。另外，现代归纳逻辑学家并没有完全割裂演绎逻辑和归纳逻辑的界限，而是巧妙地将二者进行了结合，并将它们进行了系统的类比，这样一来，便出现了归纳和演绎互相吸收、互相渗透的现象，从而为辩证逻辑提供了强有力的证据。这也是现代归纳逻辑在人类认知和科学实践的发展过程中为其提供哲学认识论和科学方法论的具体体现。

第一节 因果陈述逻辑的哲学基础

通过对勃克斯因果陈述逻辑理论具体内容的阐述可以看出，该理论的深层次内涵在于它的哲学意蕴。对因果关系、因果律的形式刻画是勃克斯最终想要达到的研究目标，因此，本节以因果关系的哲学意义为研究起点，对因果陈述逻辑的哲学基础进行分析和概括。

一、因果关系的哲学思辨意义

徐友渔先生曾在《社会科学战线》上发表论文《二十世纪十大哲学问题》，

其中将因果性列为影响世界思想潮流及文化发展的十大哲学问题之一，它从一个侧面反映出因果性、因果关系问题的研究对哲学发展有着重大的意义和价值。而作为当代科学哲学的一个中心论题，人们对因果性概念的理解和使用，应当建立在正确地把握“A 事物是 B 事物的原因，B 事物是 A 事物的结果”这一最基本因果含义的基础之上。因果关系作为一种事物变化的法则，作为人们认识世界和解释事物发展变化的一种方式，其内在的哲学思辨意义主要表现在以下两个方面：

第一，因果关系与逻辑。需要说明的是，这里的“逻辑”指的是人们思维及其推理的规则、规律。从这一意义上说，逻辑与因果关系有着明显的区别，二者是两种认识世界的不同方法。逻辑主要是从思维推理的正确性和有效性上来指导人们的认识活动和创造活动，是正确认识事物的必要条件。因果关系则是实际地揭示事物运动变化的机制，结合科学知识寻求事物运动变化之所以产生的具体根据与条件，它是认识过程的中心环节。因此，逻辑与因果关系构成了人们在认知与求真过程中互补的两个方面，不能互相取代。在此基础上，我们同样应当看到逻辑分析方法是因果关系研究的一个有效工具。《墨经》中已经对“大故”——表示充分必要条件的原因和“小故”——表示必要条件的原因作出了严格的界定，这一古代的研究结论基本上是正确的。很明显，“大故”和“小故”并没有涵盖所有的因果关系类型，而我们不妨利用“全称命题”和“特称命题”来对因果关系进行分类，即将全称命题的特征词“所有”和特称命题的特征词“有的”分别对应到原因和结果中，从而可以得出以下类型：

其一，所有原因和所有结果之间是一一对应的必然关系，即所有原因和所有结果互为对方的充分必要条件。当所有原因出现时，所有结果必然出现；而所有结果全部出现时，导致结果出现的所有原因也必然全部出现。其二，所有原因和部分结果之间是单向的必然关系，即所有原因是部分结果的充分条件，部分结果则是所有原因的必要条件。当所有原因出现时，部分结果必然出现，但是当部分结果出现时，所有原因并不必然全部出现，倘若部分结果都不出现，那么所有原因也必然都不出现。其三，部分原因是所有结果的必要条件，所有结果是部分原因的充分条件，即当部分原因出现时，所有结果并非必然出现，而部分原因都不出现时，所有结果必然不出现；当所有结果全部出现时，部分原因必然都出现，也就是说，这种类型的因果关系也是一种单向的逻辑必然联系。最后，部分原因和相应的部分结果之间是一种既非充分也非必要的条件关系，即部分原因出现，其相应的部分结果并不必然出现，部分原因不出现，与其对应的部分结果仍然不必然出现，反之亦然。由此看出，从哲学范畴出发，以具体的逻辑知识为切入点，可以将因果关系进行逻辑剖析，挖掘其内在的哲学含义。

第二，因果关系与可预见性。① 关于这一点，先来看一个分析实例。例如，我们研究高速路上的一起交通事故。对于引起这个事故的原因，我们有许多方面需要研究。比如司机是否酒后驾车，违反了交通规则；是否车速太快，超出了正常驾驶的速度；是否是由于恶劣的天气环境造成的，等等。为了寻找事故的原因我们必须考虑到相关的一切条件以及造成事故发生的一切因素。如果我们希望对这个事故求得一个唯一的原因，那么根据提出问题的角度，可能会有多个答案，比如医生在对司机进行检查之后，认为可能是由于酒后驾车的原因引起的；交通警察通过调取监控录像，认为可能由于司机超速行驶，违反了交通规则，从而引起了事故的发生；环境保护专家抽查之后，可能会认为是大雾天气导致能见度很低造成了事故。每一个人，只要他从自己的角度去观察整个情景，当他强调“这就是原因”时，他所意指的是：如果这类条件不存在，事故或许就不会发生。也就是说，他所指出的原因具有唯一性。而在一个复杂的情形中有许多相关的因素，因此，事实上这个事故根本不存在唯一的原因。根据人们对事故的推断，他们的意思是如果已经知道事故发生前的情景，即一切与此有关的规律，那么他们便能够对事故进行预测。

通过上述分析可以看出，因果关系蕴涵可预见性。因为在因果关系中，假如事情发生之前的所有情景都已经知道，那么之后所发生的事件便可以预见。但是这种预见并不意味着实际上的必然性。比如，在上述实例的有关规律中，就包括医学、环境学等方面的知识，包括所有有关的单个事实的知识，也包括事实上存在而目前还没有被表达出来的规律，这些规律可以被看作一种潜在的可预见性。而因果关系所说的预见性，实际上是指与事件的发生相关的先前条件和有关规律的完备描述与对事件的预见之间的一种逻辑关系。在这里，通过

① 刘大椿．科学哲学 [M]. 北京：中国人民大学出版社，2006：158.

一种巧妙的转换，规律所具有的可预见性在各种条件被描述的情况下表现为因果关系的可预见性。由规律的可预见性可知，在预见中，只要有一个规律，并且有事件 A、B，就可以逻辑地写出事件 A 和事件 B 的因果关系。但是，必须说明，关于事件 A 和事件 B 之间因果关系的规律的陈述，不是一种纯逻辑规律的陈述，而是一种包含具体内容的陈述。我们知道，规律可能在未来的发展中被发现不准确，也可能被将来的观察发现有错误。因此，它的断言是一种预言，一个预测，同时具有可错性。与之相同，一方面，因果关系具有可预见性，它不仅可以解释已发生的事件，而且能够预测将要发生的事情，从而能够使我们从整体上对事物有一个明确的认识和把握，这也是我们对因果关系的研究目的之一。但同时我们也应当看到，原因与结果并不是一一对应的关系，这种预见性有时也会发生错误，所以要认真对待。

二、因果蕴涵的哲学性

任何一个逻辑系统或者逻辑理论都必须包含蕴涵，也就是说，没有无蕴涵的逻辑系统或理论，勃克斯构建的因果陈述逻辑系统也不例外。在因果陈述逻辑理论中，因果蕴涵是该形式系统的重要内容，也是它区别于其他形式系统的主要标志。勃克斯对因果陈述逻辑的构造就是从对因果蕴涵的描述和刻画开始的。因此，分析因果陈述逻辑这一逻辑系统的哲学基础，关键就在于正确地理解和把握因果蕴涵的哲学性质。

因果蕴涵（$\Phi \rightarrow_c \Psi$）反映了事物情况 Φ 和事物情况 Ψ 之间的一种因果条件联系，Φ 是原因，Ψ 是结果。所谓原因，是指这样的现象：它产生某一现象并先于某一现象。所谓结果，是指原因发生作用的后果。[①] 同时，Φ 和 Ψ 之间也是一种蕴涵关系，这种蕴涵不是传统意义上的实质蕴涵、严格蕴涵等蕴涵形式，而是能够刻画因果虚拟句的蕴涵类型。勃克斯创造它的目的就是解决因果条件句和因果模态陈述句的形式化问题。根据勃克斯的因果陈述逻辑理论，因果蕴涵的蕴涵强度介于逻辑蕴涵（严格蕴涵）和实质蕴涵之间，这一点也是勃克斯对包含“因果”算子在内的诸如因果等值、因果必然、因果可能概念进行强度界定以及因果陈述逻辑系统中对某些公理、定理及公式进行排序的基础和来源。

① 张清宇．逻辑哲学九章 [M]. 南京：江苏人民出版社，2004：164.

从这一意义上说，因果蕴涵不仅是勃克斯因果陈述逻辑理论的一个重要概念，而且由于它兼有因果性和蕴涵性这样的双重特性，因此对因果蕴涵的哲学特征进行分析，具有重要的意义和作用。

在勃克斯看来，因果蕴涵克服了传统蕴涵类型的缺点，能够准确地对因果虚拟句进行形式化的表述。我们认为，它之所以具有这样的作用，根本原因在于它的两个特性（上面已经提到）——因果性和蕴涵性，这也是我们对因果蕴涵进行哲学分析的两个切入点。

第一，因果性是因果蕴涵区别于其他蕴涵类型的哲学本质。事物之间的因果联系是普遍的联系，也是必然的联系，原因和结果在时间上总是前后相继的，这是科学中的因果律，是不能更改的。对于日常生活中大量出现的因果虚拟句（反事实条件句），其前件是假的，但前件与后件之间却有着真实的联系，即已知的一个空类与另一个类之间有真实联系。[①] 我们认为，这种真实的联系就是因果联系，符合因果联系的普遍性。正因为用自然语言表达的因果虚拟句需要我们用与其相符合的人工语言（逻辑语言）进行刻画，而实质蕴涵等蕴涵类型的前后件并不能恰当地表达这种反事实的因果联系，于是勃克斯对这些经典蕴涵形式进行了改造，提出了因果蕴涵。[②] 也就是说，在反事实条件句中，如果某个事物情况 Φ 不发生，那么另外的事物情况 Ψ 就一定会发生。Φ 与 Ψ 之间的这种因果联系决定了前后件之间纯粹的充分必要联系已经不再适合对它形式化和符号化的需要，于是勃克斯找到了因果蕴涵这样一种新的蕴涵类型。

第二，蕴涵性是因果蕴涵的一般哲学特征。如前所述，蕴涵总是逻辑系统中的蕴涵，从这一意义上说，逻辑系统的区分就在于它所包含的蕴涵词的区分。因此，因果蕴涵是因果陈述逻辑系统的主要标志。勃克斯以“必然性是分等级的”这一哲学思想为指导，对因果蕴涵以及因果必然性等概念按照强弱进行了等级划分，这也是他构建因果陈述逻辑的语形结构的基础，这是蕴涵性所具有的一个哲学表现。另外，因果蕴涵所具有的蕴涵的一般性质，比如前后件的真假对蕴涵式真假的制约情况等，是勃克斯能够将它与逻辑蕴涵、实质蕴涵进行

① 桂起权，任晓明，朱志芳 . 机遇与冒险的逻辑 [M]. 东营：中国石油大学出版社，1996：53.

② 陈波 . 逻辑哲学引论 [M]. 北京：人民出版社，1990：57.

比较的理论依据。我们对因果蕴涵进行哲学考察，其蕴涵式前后件之间的真假制约关系是很重要的一个方面。通常人们都认为，蕴涵是对实际推理中“条件命题前后件关系”的刻画或反映，不同的蕴涵词所刻画的是条件命题前后件关系的不同侧面，其中实质蕴涵就是条件命题前后件之间的真假关系的逻辑抽象。也就是说，与实质蕴涵相比，因果蕴涵能够运用其蕴涵形式来刻画反映反事实条件命题前后件之间的真假制约关系，它是这类命题前后件之间真假关系的逻辑抽象。

综上所述，因果性和蕴涵性是构成因果蕴涵的两个元素，也是因果蕴涵具有哲学性质的具体表现。在勃克斯的因果陈述逻辑理论中，随着因果蕴涵的应用性不断增强，其内在的哲学性也会越来越明显地体现出来。

三、因果可能世界的哲学含义

如前所述，因果陈述逻辑系统的语义解释是以可能世界语义学为基础的因果可能世界理论。莱布尼茨最早使用“可能世界”来定义必然性，他认为必然就是在一切可能世界中都是真的。后来的逻辑学家从不同的角度对这一观点进行了发展。现代模态逻辑的创始人刘易斯运用莱布尼茨的可能世界学说构建了其模态系统的语义解释。美国逻辑学家克里普克在可能世界的基础上，建立了模态逻辑形式语义学，他认为：一个命题在某一个可能世界中必然真，当且仅当，该命题在与该可能世界有可通达关系的所有可能世界中的取值都为真。之后，必然性概念便有了更为准确的刻画和更为直观的哲学背景。而可能世界语义学理论对必然性、可能性这类哲学概念提供了一种新颖的、准确的分析方法，可以说是现代模态逻辑为哲学作出的最大贡献。

建立在可能世界语义学理论基础之上的因果陈述逻辑语义部分，是勃克斯对其进行大胆的改造之后提出的创新性概念——因果可能世界语义学。从勃克斯对其命名的方式可以看出，这一用来解释因果陈述逻辑系统的语义学理论是将可能世界语义学与“因果性”相结合的产物。勃克斯将“因果性”的思想贯穿到用来解释因果陈述逻辑的模态模型，从而使得该模型除了包含“现实世界”和“一般逻辑（可能）世界”之外，还包括了“因果可能世界”。另外，勃克斯还对“$\Box \Phi$”和“$\Box^{c}\Phi$”以及“$\Diamond \Phi$”和“$\Diamond^{c}\Phi$”进行了新的定义，尤其是将“$\Box^c\Phi$”定义为“$\Box^c\Phi$为真当且仅当Φ在所有的因果可能世界上都为真”，将“$\Diamond^c\Phi$”定义为“$\Diamond^c\Phi$为真当且仅当Φ在某个因果可能世界上为真”，都体现出他对因果可能世界描述的准确刻画。如果说可能世界语义学作为哲学分析的新方法使我们对“必然性”“可能性”概念的描述更加具体化、精确化，那么因果可能世界的提出及其在因果陈述逻辑系统中的应用则使得“因果必然”“因果可能”概念更加清晰、明确，从而使得在因果陈述逻辑系统中，对“真”和“假”的界定进一步地合理化。

无论是可能世界，还是因果可能世界，都从哲学上为我们提供了准确的分析方法。勃克斯将世界描述分为逻辑可能世界、因果可能世界、现实世界，本身就是一种具有哲学意义的理论飞跃。也就是说，因果可能世界与因果蕴涵类似，具有承上启下的连接作用，使我们看到了一种新的可能世界模式，其哲学意蕴主要表现在：尽管从目前来看，因果可能世界理论仅适用于因果陈述逻辑系统，但是这种解释方式的提出为该系统对“什么是逻辑真”奠定了理论基础，从而使得该系统的因果模态性得到了加强。我们知道，“逻辑真”在不同的逻辑系统中具有不同的哲学含义，它与命题的必然性也有着密切的联系。在因果陈述逻辑系统中，我们可以运用因果可能世界理论来判定和区分逻辑真理、具有因果性的逻辑真理以及事实真理。① 在因果陈述逻辑系统中，根据因果可能世界的思想，“逻辑真”（具有因果性的逻辑真理）就是在所有的因果可能世界中都为真的命题，它（或它们）就是一种因果必然性，即所有的因果可能性。相对应地，逻辑真理就是一种逻辑必然性，即所有的逻辑可能性，它在（逻辑）可能世界中，无论怎么解释都是为真的命题。事实真理则是在一种特殊的可能世界（其实我们也可以将因果可能世界看作可能世界的一种特殊形态）——现实世界中具有必然性，而在因果可能世界及逻辑可能世界中具有偶然性，即在这两种世界形态中有可能为假的命题。从这一意义上说，因果可能世界的哲学含义是通过对逻辑真理、事实真理的哲学分析来实现的，同时，因果可能世界也为我们进行关于“必然性”的思考提供了一种新的理论工具。

① 陈伟 . 论可能世界语义学的影响 [J]. 重庆社会科学，2000（4）：41-45.

四、因果虚拟句的哲学本质

如前所述，因果虚拟句也称为反事实条件句，它通常以这种形式表示：“如果事件A发生（或者不发生），那么事件B就会随之发生（或者不发生）。”很显然，事实情况是，这个条件句的前件，即事件A的发生与否与事实是相反的。但是我们想知道的是，假如出现了与事实相反的情况，会不会得到另外一种不同的结果。这不仅涉及反事实条件句的因果性问题，而且反映了反事实条件句的哲学本质。逻辑哲学是一种分析新逻辑如何产生、发展的最有力的工具，这对于因果陈述逻辑也不例外。逻辑哲学的中心问题是形式系统内外的恰当一致性。[①] 既然罗素的实质蕴涵不能恰当地刻画日常生活中大量出现的直观上有效的反事实条件句，那么逻辑学家们也就面临着要求改造经典逻辑的压力和任务，并采用相应的方法和对策。于是，“因果蕴涵”应运而生，为逻辑哲学的这一“难题”提供了一种有效的解决办法。由此可见，反事实条件句作为条件句的一种类型，成为勃克斯对因果陈述逻辑进行研究和探索的一种动力，因此，对反事实条件句的哲学本质进行分析，对于理解因果陈述逻辑理论的哲学意蕴是非常必要的。

对于反事实条件句的研究，大卫•刘易斯的理论是比较有代表性的。对于反事实条件句和因果关系来说，两者之间所具有的内在关联是通过刘易斯的研究得以呈现的。休谟在他的理论中对因果关系所采取的态度是非常质疑的，并定义了反事实条件句，但是却对此没有进行任何研究。而真正地将反事实条件句与因果关系相结合进行分析的人则正是刘易斯。在刘易斯的因果关系理论还没有出现之前，居于统治地位的是齐一性理论对因果关系的定义，它把因果关系看作是某种规则下的一种情况，其定义为：在给定的规则下，a是b的一个原因，当且仅当，a是属于一个能够满足b发生的最小条件集。[②] 这个定义的最大问题是它面临着许多难以处理的反例。按照这个定义，a是b的原因要满足a是属于一个能够满足b发生的最小条件集，但是满足这个条件并不能保证a是b的真正原因，因为还会有潜在的其他原因出现。比如，a与b都是某个一般原因c的

---

① 桂起权，任晓明，朱志芳．机遇与冒险的逻辑[M].东营：中国石油大学出版社，1996：53.

② 季方舟．大卫•刘易斯的反事实条件句理论[D].上海：华东师范大学，2009：24.

结果，并且只要c出现a和b就会出现，这时，a是属于满足b发生的最小条件集，但却不是b出现的真正原因，b的真正原因是c。而刘易斯的因果关系理论则较好地处理了这一问题，关键就在于他坚持对原因具有依赖性和非返回的反事实条件句。也就是说，原因可以推出结果，但是结果不能推出原因，这样的反事实条件句是满足时间的非对称性的。在刘易斯的理论中，较早发生的事件并不是原因性依赖于后发生的事件的，比如当a与b是某个原因c的结果，即便a是属于一个能够满足b发生的最小条件集，如果a是在b之后发生的，那么b与a之间没有对原因的依赖关系，根本原因就在于刘易斯的反事实条件句"如果a不发生，那么b也一样发生"[①]（即现在的情况是，a发生了，b也发生了，但a不是b的原因，二者没有因果关系）。对于这种潜在的原因状况，就可以用刘易斯的反事实条件句来处理。他运用反事实条件句解释因果关系，其解释力不仅比之前的理论更强，而且这种解释方法清晰、明确，具有很强的说服力，为解决因果关系问题提供了一种新的途径，成为解决因果问题的重要理论之一。

通过上述分析，我们看到，反事实条件句（因果虚拟句）的哲学本质主要是通过它与因果关系的统一性体现出来的，而勃克斯恰恰利用它们之间的这种密切联系，对反事实条件句的哲学性进行了更加深入的挖掘，并且运用传统意义上的蕴涵理论对条件句的阐释，提出了自己独特的蕴涵类型——因果蕴涵。从反事实条件句的意义上说，因果蕴涵也可以被称为反事实蕴涵。在当时的理论背景下，除了勃克斯之外，也有其他的逻辑学家对这种特殊的条件句进行了形式刻画，但正是由于因果蕴涵符合反事实条件句的逻辑及哲学性质，所以，勃克斯的因果蕴涵才能够脱颖而出，成为一种能够准确地形式化反事实条件句的较为典型的蕴涵类型。

第二节 因果陈述逻辑对现代归纳逻辑研究的促进

因果陈述逻辑与归纳逻辑理论具有内在的一致性，本节从勃克斯因果陈述逻辑对现代归纳逻辑理论的丰富和发展、增强归纳逻辑理论的哲学性方面进行探讨。

---

①David Lewis. Counterfactuals[M]. Cambridge：Harvard University Press，1973：49.

一、丰富和发展了现代归纳逻辑理论

归纳逻辑研究是逻辑学研究的重要组成部分，对于归纳逻辑理论，可以将其分为传统归纳逻辑和现代归纳逻辑。从传统归纳逻辑到现代归纳逻辑的发展过程，本质上是从发现的逻辑到检验的逻辑的转变过程，即从科学发现的逻辑到科学证明的逻辑过渡。现代归纳逻辑是用经典的数理逻辑和概率论等数学工具对归纳推理进行数量化、形式化以及公理化、系统化的研究。很显然，勃克斯的因果陈述逻辑以及他的归纳逻辑体系的构建，是现代归纳逻辑的一个重要组成部分。

现代归纳逻辑的标志性特点是把概率概念引入归纳逻辑中，使得概率理论和归纳理论产生密切的联系。我们知道，归纳问题是由于休谟对因果关系概念的经验分析而被提出来的，概率问题则是为了解决归纳问题而被引入的，但是在归纳逻辑史上，因果关系问题和概率逻辑却往往是两个互不相干的题材。在培根和穆勒那里，归纳的目的主要在于探究因果关系，由于决定论自然观占统治地位，因果观念和概率观念当然不容易融合成协调统一的新观念。[①] 而勃克斯对现代归纳逻辑的发展所作出的贡献正在于此，尽管他并没有提出新的归纳概率逻辑理论，但是他对当时这一领域理论众多、关系混乱的局面进行了清晰、明确的整理，更重要的是，他将因果陈述逻辑与归纳概率逻辑理论有机地结合起来，对因果律以及具有因果倾向的自然律进行了形式刻画，构建了标准归纳逻辑的因果模型，使得因果必然陈述句在归纳逻辑中得到了证实，从而实现了归纳概率逻辑内在的联系和统一，促进了概率逻辑、因果律和归纳推理相结合的统一理论的形成。

我们知道，在现代归纳逻辑的发展史中，凯恩斯、赖欣巴哈、卡尔纳普、科恩等人都作出了重要的贡献。而勃克斯从与上述逻辑学家不同的研究角度和路径出发，以归纳逻辑的因果化为出发点，首次提出了因果陈述逻辑系统，从而使得因果陈述逻辑的发展进入一个新的阶段。其中，在因果陈述逻辑的语义解释中，他提出了“因果可能世界”概念，并将它应用于元胞自动机的系统中，形成了其独特的因果元胞自动机理论，为构造因果陈述逻辑的模型奠定了理论

① 王雨田 . 归纳逻辑导引 [M]. 上海：上海人民出版社，1992：247.

基础。也就是说，“因果蕴涵”“因果可能世界”等具有因果特性的概念在勃克斯的因果陈述逻辑中发挥着重要的作用，通过它们的桥梁作用勃克斯将他的归纳概率思想贯穿其中，形成了具有因果特色的归纳概率逻辑理论。

另外，勃克斯对因果模型的构建也是他对归纳逻辑的发展所作出的重要贡献，原因就在于，因果模型不仅是勃克斯所定义的标准归纳逻辑的模态结构，而且通过因果模型能够对该模态结构进行归纳概率的赋值。尽管这一模型存在缺陷，即它虽然能够说明如何证实因果必然性的陈述，但是仍然不能说明如何证实概率或者或然性的陈述，也就是说它无法解释概率或者或然性。① 为此，勃克斯借助“因果元胞自动机”理论，建立了一个新的模型（统计模型），解决了上述问题。可见，勃克斯构造的因果模态模型，是他的因果陈述逻辑和归纳概率逻辑中必不可少的一个理论环节，它和统计模型一起，构成了勃克斯的标准归纳逻辑的模型共同体，而勃克斯也因此建立了概率、因果律和归纳推理的统一理论，解决了归纳逻辑史上因果关系和概率互相排斥的问题，使二者形成了一致和统一，从而为归纳逻辑的发展提供了一种新的思路。

总之，勃克斯对归纳逻辑的研究所付出的努力以及他所作出的贡献是具有开拓性的，极大地丰富了归纳思想，拓宽了该领域的视野，而随着归纳逻辑的不断发展，勃克斯的因果陈述逻辑理论也会受到越来越多研究者的关注。

二、增强了归纳逻辑的哲学功能

逻辑哲学是逻辑与哲学互相渗透的产物，是近几十年来迅速发展起来的新兴科学，是现代哲学中出现的新分支。对于说明一种新逻辑为什么产生和怎样演化发展这一类问题，逻辑哲学可以说是最有效的分析工具，可以说它具有相当于方法论上的显微镜和望远镜的功效。② 因此，从逻辑哲学的角度看，勃克斯的因果陈述逻辑就是现代归纳逻辑中的一种形式化、系统化的逻辑理论，它沿着归纳逻辑中培根开创的“因果化”方向继续发展，本质上是寻求因果律的方法论解释；同时又承袭了帕斯卡开创的“概率化”的发展方向，运用归纳概

---

① 王雨田．归纳逻辑导引 [M]. 上海：上海人民出版社，1992：258.

② 谢俊丽．现代归纳逻辑的知识创新意义 [J]. 西南民族学院学报（哲学社会科学版），2000（7）：132-138.

率逻辑的相关理论对因果必然性陈述进行形式刻画。他以因果关系的条件性为研究起点，将实际推理中的反事实条件句作为其理论的初始研究对象，提出了“因果蕴涵”，从可能世界理论中提炼和总结出了用于解释因果陈述逻辑的“因果可能世界”，实现了从逻辑模态到因果模态的一次飞跃。由此可以看出，因果陈述逻辑是归纳逻辑的一种理论形式，不仅在解决归纳问题哲学本质的“因果问题”上具有实际意义的突破，而且通过对“因果必然性”进行准确的形式刻画，达到了归纳、因果和概率三者的结合和统一。从逻辑哲学的观点看，勃克斯的这种思维方式，超越了传统归纳逻辑和现代归纳逻辑各自的界线，不仅是一种理论上的创新，更是方法论意义上的一次提高，从这一意义上说，因果陈述逻辑理论增强了归纳逻辑的逻辑哲学功能，促进了归纳逻辑的发展，以上内容是该问题的第一个方面。

它的第二个方面主要表现在：归纳逻辑与哲学问题密切相关，现代归纳逻辑中林林总总的各种系统，不仅是逻辑学家为归纳的合理性所作的辩护，从根本上说，更是他们对休谟问题的回答。也就是说，休谟问题推动了归纳逻辑的发展和进步。因此，逻辑学家所提出的形式系统，都与哲学问题有着这样或那样的联系，渗透着某种哲学精神和思想，因果陈述逻辑也是如此，这一点通过勃克斯对必然性的分级就可以体现出来。根据前面的内容我们知道，为了解释及刻画实际中大量存在的“因果必然性”模态陈述句，勃克斯打破了传统模态逻辑中必然性和可能性两种世界类型的划分，大胆地提出了新的划分方法：找出了沟通必然性和可能性的一个纽带——因果必然性，并根据因果必然性的特点，将其定义为介于（逻辑）必然性和可能性之间的一个较弱的必然性类型。我们知道，培根以来对因果关系陈述句的研究大多是归纳性的，而一般的模态逻辑则是演绎性的，“因果必然性”的提出，标志着勃克斯将归纳逻辑和演绎逻辑连接了起来，从而形成了他独特的因果陈述理论。与科恩将必然性分为逻辑必然性和物理必然性相比，将必然性分为逻辑必然性和因果必然性更加凸显了他为归纳问题进行哲学辩护的思想和理念。他运用类比这一强大的方法论武器，将在模态逻辑中行之有效的演算和可能世界语义学理论，完美地转移到了因果陈述逻辑中去，从而诞生了“因果可能世界”语义理论，并对其构建的新形式系统进行了语义解释。由此可以看出，勃克斯不仅仅是建构了一个具有更强表达力的逻辑系统，更重要的是，我们看到了他为解决归纳逻辑的哲学性问题所作出的积极努力。因此，从这个意义上说，勃克斯搭建了一个逻辑哲学的理论平台，为我们进行现代归纳逻辑的研究开辟了新的道路。

三、因果陈述逻辑的哲学启示

综观勃克斯的因果陈述逻辑以及他的归纳逻辑理论，我们不难发现，作为一名计算机科学家的勃克斯，其思想与理论始终贯穿着逻辑和哲学的精神。也就是说，勃克斯将自然科学领域的研究与对社会科学领域的研究进行了很好的融合，从而使得他的理论丰富和发展了归纳逻辑，促进了归纳逻辑理论的全面发展和进步。因果陈述逻辑是勃克斯归纳逻辑思想体系中一个非常重要的部分，为他的归纳逻辑理论指引了正确的方向，而勃克斯的归纳逻辑理论则为因果陈述逻辑系统的发展和深化奠定了坚实的基础。因此，对勃克斯的因果陈述逻辑理论进行研究，是一件非常有意义的事情，而笔者也从这一研究过程中，得到了一些启发。主要表现在以下几个方面：

其一，因果陈述逻辑的提出及发展过程不仅是对归纳问题的合理性进行辩护的一个重要表现，而且是对归纳逻辑所具有的强大的认知功能逐步提高的一个重要反映，同时也说明现代归纳逻辑具有深厚的认识论基础。早在 1951 年，勃克斯就已经提出了因果命题逻辑的形式系统，但是当时没有能够对这一逻辑系统作出恰当的语义解释，所以该形式系统仅停留在语形结构方面。后来由于可能世界语义学理论的发展，为勃克斯提供了一种非常有效的解释工具，从而使他较为成功地解释了因果陈述逻辑系统。这一成果的意义在于：不会被看成仅仅是真值函项逻辑和古典模态逻辑的人为扩充。[①] 由此可以看出，任何理论都是一个发展的过程，因果陈述逻辑也不例外。我们在前面的内容中曾经提到，用于解释该系统的语义学理论——因果可能世界语义学，从模态逻辑的观点看，它是因果化的可能世界理论，即使得可能世界语义学增加了因果的性质，这是对它的基本理解；从更深层次的意义上讲，它是勃克斯对因果陈述逻辑所具有的科学认知功能的一次挖掘和提高。传统的归纳推理对因果必然性的证明是不严格的，很多是赋予经验的直观形式，勃克斯建构因果陈述逻辑的目的就是形

① 王雨田．归纳逻辑导引 [M]. 上海：上海人民出版社，1992：256.

成一套证明因果必然律的方法，它的最大特点就是因果必然性规律先验概率的确定，而用来测定因果必然性规律的恰恰是以三种世界类型（逻辑可能世界、因果可能世界和现实世界）为依托的。因此，从这一意义上说，因果可能世界以及“因果必然性”等一系列思想和理论的形成，是因果陈述逻辑对人们的认知能力的一次检验，对于探求科学陈述之间的因果联系，进而对科学理论作出因果可能性的推断有着重要的作用。它使我们看到了归纳逻辑研究的一个新的认知方向，为更好地解决归纳逻辑的哲学性问题提供了一种新的模板和样式。

其二，因果陈述逻辑的深层次问题在其哲学方面，[①] 具体而言，它表现为因果蕴涵的普遍适用性问题。我们知道，科学中的因果律指的是原因和结果在时间上总是前后相继的，原因总是在结果之前，结果总是在原因之后。但是，有先后关系的现象之间并不一定都有因果联系，关键在于结果必须与原因之间具有必然的联系。因此，寻求现象之间的因果联系是一个十分复杂的过程，涉及各种各样的因素，而勃克斯的因果蕴涵不可能涵盖所有的因果联系样式，即它不可能反映如此丰富的因果联系内容，它只能反映因果联系中最一般的本质特征，主要表现为因果律。从时间的角度看，因果关系的内在特点是：原因在时间上要先于结果。而勃克斯已经意识到了这一点，于是他构建的因果陈述逻辑是将因果关系的这一时间因素包括在内的，这一点通过他对因果模型的构建就可以看出来。这充分说明勃克斯将因果联系与一般的条件联系严格地区分开来，定义了因果律、因果倾向句、自然律，并分别对它们进行了形式刻画，从而丰富了他的归纳逻辑思想，使其归纳逻辑理论向全面化的方向迈出了重要的一步。

寻求事物、现象之间的因果联系自古以来就是人们不断追求的理想和目标。通过勃克斯对因果蕴涵的描述、对因果律的形式化分析，我们可以看到，原因和结果之间的哲学关联是我们研究归纳逻辑的一个重要方法与途径。逻辑学中对充分条件和必要条件的区分，也可以用于因果关系中。原因有时起着充分条件的作用，有时起着必要条件的作用，因果关系问题不仅仅是本体论意义上诸如“A 是 B 的原因，B 是 A 的结果”这类对原因和结果之间的辩证关系的探讨，更是对认识论意义上的一个深层次哲学问题的挖掘。正如郭世铭所说：“数学中的充分条件和必要条件是直接与认知主体的行为相关的一个认识论概念，但迄

① 任晓明 . 新编归纳逻辑导论 [M]. 郑州：河南人民出版社，2009：125.

今为止逻辑学家所做的工作却是力图把它作为一个本体论的概念加以刻画；数学中的充分条件和必要条件并不是对象语言层次的概念，但迄今为止逻辑学家所做的工作却是力图在对象语言的层次上刻画它；数学中的充分条件和必要条件并不是简单的联结词结构，但迄今为止逻辑学家所做的工作却是力图把它作为一种联结词结构来刻画……要想恰当地刻画数学中的充分条件和必要条件，只靠现有的逻辑工具显然是不够的，需要发展出一种将认识主体的推理、证明活动包括在内（哪怕是在元理论层次）的逻辑理论。”① 也就是说，我们要提出更新、更好的蕴涵理论来刻画充分条件和必要条件，使之符合现代逻辑发展的需要。我们认为，尽管勃克斯的因果陈述逻辑理论仍然存在着某些缺陷，但是“因果蕴涵”的提出，无疑为现代逻辑，尤其是现代归纳逻辑的发展增添了新的认识论元素，从元理论层面上推动了归纳逻辑的发展。

其三，因果陈述逻辑所蕴涵的哲学性质及其认知价值为现代归纳逻辑的研究奠定了一个坚实的基础，也为人们的认知实践活动提供了一种重要的哲学分析工具。在他之前，逻辑学家通常从归纳逻辑的角度研究“原因”与结果之间的关系，力求找出因果律的逻辑处理方法，而这些方法基本局限于穆勒方法的改造或更新，没有跳出方法论的视域。在勃克斯那里，他不仅将因果关系和归纳法紧密联系起来，而且把“因果”作为必然算子加以定义，成功作出了归纳意义的解释，并进行了有效的合理性辩护。尽管这种解释与辩护离不开一阶逻辑和模态逻辑的有力支撑，但可以肯定的是，勃克斯的因果陈述逻辑系统从提出到今天，无疑是对归纳推理哲学问题的有益探索，并能够提供日常和科学中现实原型的正确映像和模写。

现实世界不仅是自然世界、必然世界，而且也是概率世界、偶然世界（可能世界），现实世界既有规则性、必然性，也有不确定性、或然性，所以，针对现实世界的认知，不可能是单纯的演绎或归纳，更不可能是若干方法或方法论的推演。在对于现实世界的认知方面，比较于传统的因果逻辑方法，因果陈述逻辑具有卓越的优势，其中表现为它将因果、概率和归纳三者有机结合起来，有效呈现、模拟、刻画和计算了人们的理性认知过程。

① 郭世铭．关于充分条件 [M]// 中国逻辑学会．逻辑今探．北京：社科文献出版社，1999：70.

随着科学技术的日新月异和人类实践的不断发展，哲学与认知越来越紧密联系起来，逻辑属于哲学，比较于其他哲学学科，逻辑与认知有着更天然的紧密联系，哲学与认知的融合特别是逻辑与认知的融合，已经成为哲学界甚至科学界持续关注的一个热点问题和重点主题。因果陈述逻辑以其独特的哲学意蕴和认知价值，构成了现代归纳逻辑的重要内容。无论从理论基础、核心概念，还是从形式系统的逻辑构建，都体现了它的学科交叉和包容性，而这一点也是它更具有知识创新价值，更能实现与认知活动的融合，从而发挥巨大正能量作用的根本原因。

无论是可能世界，还是因果可能世界，都从哲学上为我们提供了准确的分析方法。勃克斯将世界描述分为逻辑可能世界、因果可能世界、现实世界，本身就是一种具有哲学意义的理论飞跃。也就是说，因果可能世界与因果蕴涵类似，具有承上启下的连接作用，使我们看到了一种新的可能世界模式，其哲学意蕴主要表现在：尽管从目前来看，因果可能世界理论仅适用于因果陈述逻辑系统，但是这种解释方式的提出为该系统对“什么是逻辑真”奠定了理论基础，从而使得该系统的因果模态性得到了加强。我们知道，“逻辑真”在不同的逻辑系统中具有不同的哲学含义，它与命题的必然性也有着密切的联系。在因果陈述逻辑系统中，我们可以运用因果可能世界理论来判定和区分逻辑真理、具有因果性的逻辑真理以及事实真理。在因果陈述逻辑系统中，根据因果可能世界的思想，“逻辑真”（具有因果性的逻辑真理）就是在所有的因果可能世界中都为真的命题，它（或它们）就是一种因果必然性，即所有的因果可能性。相对应地，逻辑真理就是一种逻辑必然性，即所有的逻辑可能性，它在（逻辑）可能世界中，无论怎么解释都是为真的命题。事实真理则是在一种特殊的可能世界（其实我们也可以将因果可能世界看作可能世界的一种特殊形态）——现实世界中具有必然性，而在因果可能世界及逻辑可能世界中具有偶然性，即在这两种世界形态中有可能为假的命题。从这一意义上说，因果可能世界的哲学含义是通过对逻辑真理、事实真理的哲学分析来实现的，同时，因果可能世界也为我们进行关于“必然性”的思考提供了一种新的理论工具。

其四，因果陈述逻辑，对于指导人们社会实践和科学研究中的一切认知活动，具有朴实之特性、普世之价值。

首先，因果蕴涵对于人类认知具有普遍适用性。我们知道，科学中的因果律指的是原因和结果在时间上总是前后相继的，原因总是在结果之前，结果总是在原因之后。但是，有先后关系的现象之间并不一定都有因果联系，关键在于结果必须与原因之间具有必然的联系。因此，寻求现象之间的因果联系是一个十分复杂的过程，涉及各种各样的因素，而勃克斯的因果蕴涵不可能涵盖所有的因果联系样式，即它不可能反映如此丰富的因果联系内容，它只能反映因果联系中最一般的本质特征，主要表现为因果律。从时间的角度看，因果关系的内在特点是：原因在时间上要先于结果。而勃克斯已经意识到了这一点，于是他构建的因果陈述逻辑是将因果关系的这一时间因素包括在内的，这一点通过他对因果模型的构建就可以看出来。这充分说明勃克斯将因果联系与一般的条件联系严格地区分开来，定义了因果律、因果倾向句、自然律，并分别对它们进行了形式刻画，从而丰富了他的归纳逻辑思想，使其归纳逻辑理论向全面化的方向迈出了重要的一步。

其次，因果陈述逻辑提供了合乎理性的认知方法。一般而论，从认知方法论的角度看，归纳推理比演绎推理更具有认知趋向与价值，它不仅能帮助人们拓宽自己的认知视野，还能对知识前景进行科学预测，从而在知识创新方面具有巨大的优越性。与古典归纳逻辑所擅长的性质判断相比，现代归纳逻辑尤其是因果陈述逻辑在知识认知与科学理论创新方面的价值更为突出，主要体现在三个方面：

第一，因果陈述逻辑对于解释或者预见事实具有重要意义。它可以从理论命题推演出事实命题，或者是解释已知的事实，或者是预见未知的事实。这种推演的步骤是以公理、定理、假说等作为理论前提，再加上某些初始条件的陈述，逐步推导出一个描述事实的命题。

第二，因果陈述逻辑本身具有科学创新的范式价值。因果陈述逻辑的核心概念是因果蕴涵。比较重要的逻辑推导关系是从逻辑蕴涵推导因果蕴涵，再从因果蕴涵推导出实质蕴涵。也就是说，这种推导过程就是从具有逻辑必然性的规律或者理论陈述中推导出具有因果必然性的因果律陈述，进而推导出事实陈述，其本质就是一种科学理论的创新。如果把这一思维模式提升为科学创新和社会实践的一种研究范式，无疑具有重要的普世价值。

再次，因果可能世界实现了可能世界的一次创新。因果陈述逻辑的语义解释奠基于可能世界语义学，而正是借助于这种关于可能性的逻辑工具，才使得人类的知识认知范围得以扩充，科学理论的创新得以可能。因果陈述逻辑将逻辑可能世界扩充到包括因果可能世界，这使得逻辑学的科学认知功能大大加强。因为相对于比较纯化的数学领域，仅仅考虑逻辑可能世界已经无法满足不那么纯化的自然科学领域的要求，还必须考虑与自然科学中的自然律、因果律密切相关的因果可能世界，而因果陈述逻辑比狭义的模态逻辑在人类认知方面的作用更大、功能更强。

最后，人类认知活动的飞跃性需要，为因果陈述逻辑实现价值提供了舞台。面对知识时代、信息时代、网络时代、全球化时代、太空时代（宇宙时代）、微观时代的到来，人类在社会管理、科学创新、生产实践中所需要的认知思维、认知活动，不仅将变得越来越来复杂化、多元化，而且在很多情况下，认知的前提、条件、基础都是十分稀缺的，甚至是完全不具备的，在这样的情况下，传统的逻辑思维方法包括传统的因果归纳方法，将显得越来越无助，因果陈述逻辑就将大显身手。毫不夸张地说，因果陈述逻辑所提供的认知方法将产生的预期价值和将展现的巨大前途，不亚于培根的归纳法。

赖欣巴赫对培根的归纳法作过这样的评价：“培根看到，单独的理性并不具有任何预言能力，它只在与观察相结合时才获得这种能力。理性的预言方法包含在逻辑推导中，我们运用逻辑推导构造一个秩序，把它放在观察到的材料中，然后，从中推导出结论。我们通过逻辑推导的工具而达到预言。培根又进一步看出，如果逻辑推导应为预言目的服务，那么，它不可能局限于演绎逻辑；它必须包括一种归纳逻辑方法。”也就是说，赖欣巴赫看到了归纳通过对经验的详细研究，求得层层定律而达到分析性，从而能够使得科学思维从分析性去确保和提高确定性。这样才能“达到预言”，实现科学认知的创新目的，勃克斯构建的因果陈述逻辑便具有这样的功能和价值。从总体上看，因果陈述逻辑乃至现代归纳逻辑必将和自然认知、社会认知以及实践认知进一步结合，形成多学科交叉和互动的趋势，这样才能在哲学和认知的指引下发挥更重要的作用。

总之，勃克斯的因果陈述逻辑理论从提出，到丰富和发展，都体现了归纳逻辑的认知功能在科学、理性的道路上不断前进。随着现代归纳逻辑理论整体水平的不断提高，勃克斯的因果陈述逻辑以及他的归纳思想必将会对其他的归纳逻辑理论产生广泛的影响。

第三节　因果陈述逻辑的哲学认识论意义

从整体来看，因果陈述逻辑对勃克斯归纳逻辑体系的构造具有基础性的地位和作用，因果陈述逻辑理论是决定其归纳逻辑体系具有科学性和哲学性的关键。这同时也说明二者具有一致性和统一性，它们为勃克斯的逻辑研究奠定了坚实的基础，成为归纳逻辑理论中具有一定代表性和影响力的内容。

一、因果陈述逻辑与勃克斯归纳逻辑体系的统一性

通过对前面内容的介绍我们看到，勃克斯的归纳逻辑理论是十分丰富的。从他对归纳和演绎关系的探讨，到他对归纳概率理论的研究，再到他对归纳逻辑的分类以及对因果模型理论的分析等，都说明勃克斯对归纳逻辑的研究方法比较独特，也就是说，在他的归纳逻辑思想体系中，主要的一点就是他将因果陈述逻辑的相关内容作为贯穿其归纳逻辑体系的一条主线进行解释和分析。具体地说，勃克斯的因果陈述逻辑理论和其归纳逻辑体系的统一性主要表现在以下两个方面：

首先，因果陈述逻辑和勃克斯的归纳逻辑理论在哲学内涵和意义上是相通的。作为因果陈述逻辑中的重要内容，因果可能世界以及在因果可能世界这种语义类型中得以解释的逻辑必然性、因果必然性、实然性和相应的逻辑蕴涵、因果蕴涵、实质蕴涵，之所以也能够在勃克斯的归纳概率理论，尤其是它的公理和定理中起着决定性的作用，根本原因就在于勃克斯对归纳逻辑的观点及看法中一直渗透着“必然性是分等级的”这一哲学思想，而且将因果陈述逻辑系统中对模态公式等级的划分与他对归纳逻辑的分类结合起来，从而形成一个内在结构十分连贯的归纳逻辑理论。归纳逻辑本质上是一种哲学逻辑，即哲理性的非经典逻辑，所以归纳逻辑的哲学问题非常重要。而对于勃克斯的因果陈述逻辑来说，恰恰是以经典逻辑为基础的、融合了“因果”算子和模态逻辑的逻辑形式，本质上仍然是一种非经典的逻辑类型，因此，从这一意义上说，勃克

斯的归纳逻辑与因果陈述逻辑理论是相辅相成的。另外，通过本章前面对勃克斯归纳逻辑体系的梳理我们看到，他对因果陈述逻辑系统所作出的语义解释，或者说他认为对因果律、因果虚拟句等用非悖论因果蕴涵或省略的因果蕴涵来形式化是恰当的，由此表述的论证通常是因果陈述逻辑（或者它的非正式扩张）中的有效论证。这样一来，勃克斯对标准归纳逻辑因果模型的解释就是合理的、有依据的了。实际上，将勃克斯的归纳论证和演绎论证理论、归纳概率等一系列归纳思想和理论与因果陈述逻辑理论连接在一起的正是这种内在的哲学渊源。以因果蕴涵、因果等值、因果必然性这类具有因果性和蕴涵性双重特性的概念为切入点，以因果必然性和对因果律的形式刻画为研究目的，以内在的哲学意义为桥梁，勃克斯的因果陈述逻辑和他的归纳逻辑体系成为一个具有哲学内涵的完整理论。这种理论的哲学性并不是直接地显露出来的，而是需要我们在对勃克斯的归纳逻辑理论进行分析和研究的基础上一步步总结出来的。尽管勃克斯在他的著述中并没有将这种哲学性明确地予以阐述，但是我们还是能够从中体会出他的这一哲学思想以及蕴涵的哲学依据。通过这一点我们也可以看出，作为计算机学家、逻辑学家的勃克斯教授，他的理论中也具有深刻的哲学背景，这从一个侧面也反映出科学和哲学是相通的、互相交叉的。

其次，因果陈述逻辑和勃克斯的归纳逻辑在模态方面具有一致性。从 20 世纪 60 年代至今，“可能世界”被推广和发展。大卫•刘易斯（David Lewis）和罗伯特•斯塔尔纳克（Robert Stalnaker）所作的反事实条件句分析，依据的就是“邻近的可能世界”。而勃克斯提出的“因果可能世界”，不仅构成了因果陈述逻辑的语义学内容，而且为其归纳逻辑思想体系的构建奠定了模态基础。通过前面几章对因果陈述逻辑理论的阐释和评价可以看到，因果陈述逻辑是建立在模态逻辑和可能世界基础上的一个形式系统，即自然语言的一个形式化的模型。由于真值函项中的实质蕴涵已经不适合表述因果虚拟句，因此，勃克斯构建了一个新的逻辑系统。因果陈述逻辑也可以称为因果模态逻辑，因为它的公理化的实现是以现代模态逻辑的日趋成熟为前提的。而在勃克斯的归纳逻辑体系中，一个重要的部分就是他对标准归纳逻辑的因果模型的分析以及对该因果模型的归纳概率证明。也就是说，从模态逻辑的意义上说，因果陈述逻辑和勃克斯的归纳逻辑仍然是相通的。勃克斯对因果虚拟句的形式化所作出的研究，包括他建构的公理化形式系统及其解释，都是为了对涉及因果必然性的因果律找到合适的理论模型。而这一理论模型的语义基础——因果可能世界也是勃克斯归纳逻辑体系的理论前提。尽管勃克斯利用“元胞自动机”来解决标准归纳逻辑的因果模型问题，但是“元胞自动机”的作用原理实际上是将因果模型、形式模型以及模态模型结合起来，运用每一个可能的因果系统将因果可能世界和逻辑可能世界结合起来。我们可以按照如下思路理解勃克斯的研究：在标准归纳逻辑的因果模型中，存在着现实世界、因果可能世界和逻辑可能世界，一个可能因果系统的因果可能世界由满足该系统某些规则的逻辑可能世界所构成。在此基础上，就可以在实际的归纳过程中将胞腔自动体与个体常元所指称的对象进行对应，继而对该模型的可能因果系统以及这些系统中的因果可能世界进行赋值，因为在每一个可能世界系统中都有无穷多个因果可能世界，因此不能直接把相同的概率赋予给它们，而是赋予出现在某个有穷时空区域中的诸多可能世界的部分。① 所以，从这一意义上说，标准归纳逻辑的因果模型是从因果元胞自动机中构造出来的。总之，通过对标准归纳逻辑的因果模型的分析，我们可以得出这样的结论：因果陈述逻辑与勃克斯的归纳逻辑不仅仅是一般意义上的部分与整体的关系，二者更是一种交叉和渗透的关系。与因果陈述逻辑相对应，勃克斯的归纳逻辑理论也可以被称为模态归纳逻辑理论。正是因为它们具有了这种模态相连性，才使得勃克斯的归纳逻辑系统更加科学，其因果陈述逻辑理论也能够因此而得以发展。

综上所述，勃克斯的因果陈述逻辑理论在他的归纳逻辑理论中处于一种核心的地位，起着关键的作用。而勃克斯的归纳逻辑理论则为因果陈述逻辑的发展扩充了实质性的内容，使得因果陈述逻辑的形式系统能更好地解决因果虚拟句的形式化问题。勃克斯的归纳逻辑理论和他的因果陈述逻辑从哲学性、模态性方面都存在着理论和方法上的融贯性，这也体现出勃克斯在归纳逻辑的研究方面，其思路是清晰、明确的。

二、勃克斯因果陈述逻辑的哲学认识论和科学方法论意义

人类文明的形成与发展，也是人类认识与思维的形成与发展过程。人类

① 李小五．现代归纳逻辑与概率逻辑 [M]. 北京：科学出版社，1992：178-179.

要认识，就要有认识方法，人类要思维，就不能没有逻辑。在人类文明进化史中，归纳方法与归纳逻辑的研究是一个必要的组成部分。自从逻辑学与哲学作为独立的学科而出现，归纳与演绎就必然统一地结合在一起加以研究。所谓归纳与演绎的统一，不仅是从发生上来看是归纳在先演绎在后，而且从具体的认识或思维来看，二者往往是联系在一起的，只是在不同条件下侧重不同。因此，无论是亚里士多德还是穆勒，他们把归纳与演绎串接起来构成统一的逻辑，其哲学上认识论根据就在于此。另外，关于归纳逻辑对自然科学的引导作用，康德在《纯粹理性批判》中也有论述："自然科学进入学问大道，为时甚晚。自培根之天才建议以来——一方面创始此种发见，一方面则鼓励已在研究途中之人——实仅一世纪有半耳。……唯我今所指之自然科学，仅限于建立于经验的原理而言。"①

和传统归纳逻辑相比，现代归纳逻辑是用数理逻辑和概率理论等数学工具对归纳推理进行形式化和公理化的研究。从现代归纳逻辑的观点看，凡是其结论超出了前提所断定的范围，前提与结论之间关系是概然性的推理都是归纳推理，它不仅仅是一种归纳概括，而且是一种检验假说的推理。20 世纪二三十年代以后，概率归纳逻辑得以产生和发展，它是把归纳推理中前提对结论的支持程度概率化，应用更加精确的计算来刻画和表达或然性推理。这种逻辑方法使得科学家和逻辑学家们建立起了一个个归纳逻辑系统，并应用于科学发现和科学假说中，从而促进了自然科学的进步，对于科学方法论的合理建构提供了归纳方面的支持。另外，现代归纳逻辑学家并没有完全割裂演绎逻辑和归纳逻辑的界限，而是巧妙地将二者进行了结合，并将它们进行了系统的类比，这样一来，便出现了归纳和演绎互相吸收、互相渗透的现象，从而为辩证逻辑提供了强有力的证据。这也是现代归纳逻辑在人类认知和科学实践的发展过程中为其提供哲学认识论和科学方法论的具体体现。

一方面，归纳推理的合理性问题反映出对现代归纳逻辑进行研究具有重大的哲学认识论意义。18 世纪中叶英国哲学家休谟把关于归纳推理的争论推向了高潮，他提出的"归纳问题"因对归纳推理的合理性提出了质疑而受到了越来越多的哲学家、科学家和逻辑学家的关注。各种各样的哲学（包括各种怀疑

① 康德 . 纯粹理性批判 [M]. 蓝公武，译 . 北京：生活 • 读书 • 新知三联书店，1957：10.

论哲学、不可知论哲学、先验哲学等）理论都把解决归纳问题作为其认知哲学的一个核心问题，而逻辑学家们则致力于在其归纳逻辑理论中探索各种解决归纳问题的方案。但是所有这些努力都没有令这一“疑难”获得真正的解决。那么，面对“休谟问题”，我们真的束手无策了吗？答案是否定的。不妨从哲学认识论的角度对归纳问题的合理性进行分析。其实，归纳推理问题并非是一个逻辑学问题这么简单，它本质上是哲学问题，即归纳哲学问题。休谟是从经验论出发的主观唯心主义者，他在哲学上建立了自己的怀疑论和不可知论的完整体系。列宁称他是“和贝克莱走着不同道路的18世纪大哲学家”。① 休谟的逻辑思想和他的哲学观点是分不开的。在他看来，逻辑的目的在于解释推理能力的原理和活动以及人类观念的性质，所以逻辑才与人性有关，继而从经验论立场出发，否认因果关系的客观必然性，这样我们根据归纳法也得不出普遍必然的结论，从而进一步否定归纳法的有效性。针对休谟的非难，最初的“解决”是探求因果关系的“穆勒五法”的出现，然而这种为归纳法辩护的思想并未取得实质性的成功。随着现代归纳逻辑的兴起，概率理论的引入，经验主义概率归纳逻辑、逻辑主义概率归纳逻辑、主观主义概率归纳逻辑对归纳合理性的解释均存在不同程度的失误。究其根本原因，即解决“休谟问题”的关键在于归纳推理的合理性问题并不是单纯的数学和逻辑方面的理论问题，而是和哲学认识论立场、原则紧密联系的，只有从马克思主义唯物辩证法的哲学角度出发，坚持“实践是检验真理的唯一标准”原则，才能客观地、理性地去看待并真正解决这一“诘难”。可以看出，休谟正是因为对归纳法的责难而获得哲学史上不朽的地位的。而对该问题的持续关注和研究也正是现代归纳逻辑和科学哲学认识论重大意义之体现。

另一方面，现代归纳逻辑所具有的知识创新功能是其科学方法论意义的具体体现。恩格斯曾指出：“只要自然科学运用思维，它的发展形式就是假说。”② 这与波普尔关于假说的观点是一致的。波普尔认为：“认识论或科学发现的逻

① 中共中央马克思恩格斯列宁斯大林著作编译局．列宁选集（第二卷）[M]. 北京：人民出版社，1960：28.

② 中共中央马克思恩格斯列宁斯大林著作编译局．马克思恩格斯选集（第四卷）[M]. 2版．北京：人民出版社，1995：336.

辑，应该就是科学方法的理论。”[①] 他的这种证伪主义方法论表明，科学家的任务在于构造假说，然后利用观察和实验来检验它们。恩格斯关于假说的观点大体上也是如此，即新的事实被观察到了，旧的解释方式不适用了，就要有新的解释方式和事实相适应。科学发展内部的否定因素，推动着科学理论不断发展。可见，无论是恩格斯还是波普尔，对科学理论的发展和科学知识的创新二者共同具有的逻辑模式擦出了辩证法的火花。我们更应当看到，在该逻辑模式中起着基础性作用的便是现代归纳逻辑理论。无论是帕斯卡归纳概率逻辑、非帕斯卡归纳概率逻辑，还是因果陈述逻辑理论，都运用假说演绎法代替传统的归纳法，这不仅是现代科学对归纳逻辑发展的一种客观要求，而且是现代归纳逻辑的科学进步与知识创新功能在科学发现逻辑领域中的方法论体现。同时，上述三种现代归纳逻辑模型的发展和深入研究又为知识创新提供了有力的逻辑工具。科学发展和知识创新不是静态的、一成不变的，而是动态的，甚至会发生革命性变化的过程。那么，从这一动态模式的角度讲，科学发展的过程也就是科学理论创新的过程，更是知识更新的过程。因此，现代归纳逻辑理论中对因果推理的重新定义和研究，对概率演算的形式刻画和解释，对归纳悖论的哲学分析等等，分别从不同的视角为科学发展提供了不同的逻辑机制，进而为科学知识创新提供了方法论支持。按照马克思主义哲学辩证唯物主义的说法，它其实是对科学实践的一种描述和洞察。总之，现代归纳逻辑对于我们进行科学知识创新逻辑的研究，提供了方法论的指导，具有重要的意义和价值。

归纳过程实际上就是一个信息加工过程，在科学探索和科学发现的进程中，相比演绎逻辑的静态性，现代归纳逻辑更加具有明显的从已知通向未知的富有创造力的动态推理特征，这不仅是由现代归纳逻辑自身所包含的创造性推理模式（主要指溯因推理和因果归纳推理）所决定的，更重要的一点是，来源于哲学的认知科学，其飞速发展的态势，为我们描绘出一幅关于人类认知进程的图景。由此，在认知科学发展的背景下，现代归纳逻辑受到了正确的认知导向指引，沿着科学、理性的方向，不断地对人类思维的推理形式进行整合，以期为哲学和科学研究层面提供更准确的思维模式和思考方式。

综上所述，作为 20 世纪 70 年代中期兴起的一门具有前沿性、交叉性和综

---

①K R 波珀 . 科学发现的逻辑 [M]. 查汝强，邱仁宗，译 . 北京：科学出版社，1986：23.

合性特征的学科——认知科学，涵盖了六个相关学科：哲学、计算机科学、语言学、心理学、神经科学和人类学，旨在研究人类认知和智力活动的本质及规律，具体包括知觉、语言、推理、思维、意识乃至情感动机在内的各个层面的认知和智力活动。不难看出，支撑认知科学的六大学科中，哲学居首位，计算机科学和语言学位列其次，与上述三种学科的发展密切相关的，便是被联合国教科文组织确定的七大基础学科之一——逻辑。而认知活动的主要内容也是以正确推理和有效思维为核心的动态思考过程，在这一融合了人类心智、人工智能、信息加工等诸多认知要素的思维模式下，具有深厚认识论基础的现代归纳逻辑正发挥着它无可替代的作用。其作用主要表现在两个方面：首先是通过对数据和经验的详细研究，求得层层定律而达致分析性，从而使得科学认知和人类思维从分析性去确保和提高确定性；其次是基于现代归纳逻辑建立的各种认知模型，包括勃克斯建立的信息技术统计模型和因果归纳模型等，同时将概率、因果律和归纳推理相统一的逻辑理论的确立，为实现人类和社会认知的模型化和多样化提供了一定的参考价值。而勃克斯因果陈述逻辑及其归纳逻辑理论，正发挥着日益重要的作用。

第九章 现代归纳逻辑的认知价值

面对社会复杂的认知活动，逻辑与科学、哲学、认知的相互交叉和融合已经渗透到了人类思维的理性层面，不仅带动了一系列新兴交叉学科的兴起，而且使得科学发展与科学知识创新之间的联系越来越紧密，因而对于人类的知识更新以及认知能力的提高起着积极的促进作用。

第一节 因果陈述逻辑的认知意蕴

逻辑扎根于日常生活和科学实践，逻辑的各种词项和推理论证都是从现实生活中得来的。逻辑认知能够提供日常和科学实验中现实原型的正确映像或模写，换句话说，逻辑之所以要构造许多形式系统，就是为了刻画那些实际上行之有效的日常和科学推理。从这一意义上说，归纳逻辑，尤其是现代归纳逻辑能够较为恰当地遵循人类思维的进程，在人类的推理过程并不是严格按照演绎逻辑的规则下进行这一客观背景下，在现实世界本身就是概率世界这一客观条件下，沿着逻辑系统内有效的形式推理与系统外的非形式原型恰当地相符合这条路线，完美地解决了人类在推理进程中遇到的棘手问题——如何还原前提与结论间应有的归纳支持和可信程度这一认知难题。世界既然是概率性的，人类思维就理应与“世界的逻辑构造”相适应。

在认知科学的框架下，逻辑推理是包含了心理、经验、感觉等其他认知因素的动态思考过程，认知科学推动了逻辑学研究的认知转向，极大地拓宽了现代归纳逻辑的研究范围，使得逻辑学和认知科学的融合更加自然、合理。因此，基于认知的现代归纳逻辑，从以下几个方面呈现出自身所具有的科学本质。

第一，因果和概率理论的交叉研究与结合。勃克斯将培根和穆勒开创的“因果化”研究方向和凯恩斯开辟的“概率逻辑公理化”研究进路进行了整合和加工，建立了因果陈述逻辑系统，并创立了该逻辑系统的因果模型，同时进行了归纳概率证明。勃克斯认为传统的蕴涵类型无法准确地刻画因果虚拟句，因此，他提出了一种新的蕴涵类型——“因果蕴涵”（$\rightarrow_c$）[①]，按照必然性的不同等级，将蕴涵形式分为由强到弱的三个层次，即严格蕴涵（逻辑蕴涵）、因果蕴涵和普通蕴涵（实质蕴涵）；勃克斯还论证了存在于逻辑必然性、因果必然性和因果可能性之间的一系列关系，把因果、概率和归纳有机地结合了起来。在他看来，对归纳法的完备解释和科学论证就必须说明因果陈述句怎样被证实，归纳概率在这个证实过程中起什么作用。可见，因果陈述逻辑的提出及发展过程不仅是对归纳问题的合理性进行辩护的一个重要表现，而且是对归纳逻辑所具有的强大的认知功能逐步提高的一个重要反映。同时，从认知的角度看，认知科学使得人类的认知问题成为科学逻辑和科学哲学研究的重心，它要求科学家不仅要从理性的逻辑规则出发，而且要兼顾科学家个人内在的认知因素在科学理论形成中的作用。关于这一点，我们完全能够从勃克斯对因果律的形式刻画，对可能世界的分类以及新算子的提出等诸多带有计算机和人工智能性质的逻辑理论中有所体会。也就是说，勃克斯首先是作为一名科学家来研究现代归纳逻辑理论的，他认为科学家在研究自然界到底受什么样的因果必然性规律支配时，会猜想到许多可能的因果必然性规律。在没有任何证据支持哪一种规律更为优越之前，应该同等地看待它们，即赋予它们同等的先验概率，精确地表示上述意思，就是勃克斯给出的标准归纳逻辑的因果模型。该模型是勃克斯为了解释因果律而新建立起来的，它应该把标准归纳逻辑的统计模型的可重复性、模态模型的模态性和元胞自动机的时空组织结合起来。[②] 由此可见，勃克斯在建构归纳理论过程中所涉及的关于人的自主性、心智因素等方面都是认知科学对包括现代归纳逻辑在内的科学逻辑所产生的积极影响和辐射作用。

第二，类比、因果、模态研究的整合。黑格尔把类比看作“理性的本能”，认为“类推的方法应在经验科学史上占很高的地位，而且科学家也曾依照这种

①Arthur W Burks. Chance，Cause，Reason[M]. Chicago：The University of Chicago Press，1977：15.

② 李小五 . 现代归纳逻辑与概率逻辑 [M]. 北京：科学出版社，1992：165.

推论方式获得很重要的结果”。[①] 爱因斯坦说：“在物理学上往往因为看出了表面上互不相关的现象之间有相互一致之点而加以类推，结果竟得到很重要的进展。”[②] 由此可见，类比在科学认知中具有重要作用。从另一个角度看，在认知科学蓬勃发展的背景下，现代归纳逻辑中类比推理的内涵更加丰富，应用范围更为广泛，对思维方式和逻辑结构的创新具有深刻的影响力，是一种重要的启发原则。此外，运用类比推理这一媒介，因果和模态在因果陈述逻辑系统中得到了恰当的形式刻画，这不失为现代归纳逻辑理论发展的一个进步。关于这一点，因果陈述逻辑系统给予了充分的论证。众所周知，模态逻辑是关于必然性和可能性的逻辑，它实际上是经典逻辑的一种扩展。然而它只能处理“逻辑必然性”相关的模态句，面对现实中大量存在的“因果必然性”模态句却束手无策。根本原因在于前者的性质是演绎逻辑，而后者的性质则是归纳逻辑。解决这一问题的关键就在于，勃克斯运用类比这一强大的方法论武器，使得原来在一般模态逻辑中行之有效的整套演算和可能世界语义学，都顺利地类推到因果陈述即因果模态句中去。于是，勃克斯提炼出“因果蕴涵”“因果必然”“因果可能”“因果可能世界”等新概念，再次运用了类比作为重要的示项原则，在新的逻辑系统中构建了一系列基本关系，从而使其逻辑系统继承了经典逻辑的内核并进行了创新。勃克斯以必然性是分等级的这一哲学思想为指导，将逻辑必然性、因果必然性和实然性按照强弱程度不同进行了形式刻画。尽管从表面上看，这种抽象的逻辑理论远离了科学实际，但是实际上它恰恰反映了自然的本质，因此具有更大的普适性和知识创新功能。也就是说，在正确反映人类认知和理性思考的前提下，勃克斯将类比、因果和模态在其因果陈述逻辑系统中进行了整合。借助这三种逻辑工具，使得人类的知识得以扩充，科学理论的创新才得以可能。

第三，归纳哲学和逻辑演算相统一。归纳逻辑中的休谟问题，本质上涉及的是人们能不能达到关于这个世界的普遍必然知识的问题，因此它归根结底涉及的是人类的认知能力及限度，世界究竟是否可知这样一些重大的哲学问题。

---

① 黑格尔．小逻辑 [M]. 贺麟，译．北京：商务印书馆，1981：368.

② 爱因斯坦，英费尔德．物理学的进化 [M]. 周肇威，译．上海：上海科学技术出版社，1962：198.

很显然，休谟疑难的存在是刺激后世各种现代归纳逻辑系统产生和发展的催化剂，其中科恩和勃克斯的现代归纳逻辑理论更是在公理系统中运用逻辑演算的方法，融合了概率和模态（前两个方面）因素，为解决休谟的“归纳问题”（本质是归纳逻辑的哲学问题）构建了各自的理论体系。科恩的归纳逻辑实际上是一种模态归纳逻辑，也可以被称为“归纳支持逻辑”。[①] 在科学实践中，人们往往提出一个或多个全称概括句形式的假说，然后通过观察和实验搜集支持假说的证据。证据对假说的支持往往不是演绎关系，我们称这种支持为归纳支持。为了给归纳支持理论奠定复合科学实践的语义基础，科恩提出了相干变量法并进行了解释和证明。除此之外，“归纳支持分级的公理化系统”也是科恩现代归纳逻辑理论的一大特色。在该形式系统中，科恩给出了其元语言符号、形成规则、定义、公理模式和推理规则等逻辑演算的方法和步骤，并进行了科学的论证。这一点完全符合认知科学中有关归纳问题的重要理论“支持—评价”理论，[②] 同时作为归纳哲学领域的一个基础问题得到了学界的广泛关注。与科恩的归纳支持逻辑类似，勃克斯的现代归纳逻辑理论同样融合归纳哲学和逻辑演算于一体。因果陈述逻辑也用一种概括了的模态系统作为自己的语法系统，并且对该系统的基本概念，即必然算子作了归纳意义的解释。勃克斯运用时空系统将因果必然性与归纳概率进行结合，对因果陈述逻辑系统中的公理进行了归纳概率演算和证明。他采用贝叶斯公式修改不同规律的先验概率，并运用标准归纳逻辑的因果模型回答了有限世界的证据能够证明整个无穷世界的因果必然性规律这一人类的认知问题。

不难看出，认知科学的兴起和现代归纳逻辑的发展并不是两条没有交叉的平行线，而是相互融合、相互影响的，并且有着诸多交叉维度的两个知识领域。因此，随着认知科学的蓬勃发展，现代归纳逻辑必定会沿着正确的进路不断前进。

第二节　认知视域下的勃克斯归纳逻辑

尽管迄今国内外的相关文献极少单独出现“认知哲学”这个概念，精确的

① 李小五 . 现代归纳逻辑与概率逻辑 [M]. 北京：科学出版社，1992：152.

② 王雨田 . 归纳逻辑与人工智能 [M]. 北京：中国纺织大学出版社，1995：41.

界定和深入系统的研究也极少，但是研究趋向已经非常明显，而且越来越多的科学和哲学工作者不断地将认知哲学纳入自己的研究领域。山西大学魏屹东教授对认知哲学作出了这样的界定和描述："在我看来，认知哲学是一门旨在对认知这种极其复杂现象进行多学科、多视角、多维度整合研究的新兴哲学研究领域，其研究对象包括认知科学（认知心理学、计算机科学、脑科学）、人工智能、心灵哲学、认知语言学、认知现象学等涉及认知现象的各个学科中的哲学问题，它涵盖和融合了自然科学和人文科学的不同分支学科。"[①] 也就是说，认知哲学解决的是认知科学中的哲学问题，而且着重对认知科学理论中具有认识论和方法论意义的哲学问题进行分析。由此，认知科学的交叉性和综合性决定了认知哲学的融合性和整合性，尽管如此，认知哲学和认知科学有着本质的区别，它以科学研究中出现的哲学问题为出发和立足点，是对科学哲学的一种审视和思考。基于此，现代归纳逻辑所具有的哲学认知功能便凸显出来，成为自"认知转向"后将科学哲学的认知意义和认知哲学的"元理论"内核进行联结的一个重要知识领域。无论是帕斯卡概率逻辑、非帕斯卡概率逻辑，还是因果陈述逻辑，不仅是现代归纳逻辑的动态认知构成，而且能够作为科学哲学的基础理论，在认知科学发展的框架下，共同形成以认知哲学为核心的科学发展动态模式，从而推动了科学知识的进步和科学理论的创新。这种"三点一线"的逻辑机制，不仅反映了由论证逻辑转移到动态的发展逻辑，而且说明逻辑和哲学都是认知的基础，都能够反映知识增长的动态图景，这无疑具有巨大的创新意义。

首先，帕斯卡概率逻辑奠定了现代归纳逻辑在科学哲学中的传统性基础地位。帕斯卡概率逻辑是现代归纳逻辑的重要组成部分，传统的、帕斯卡型概率演算公理系统能够用来研究概率陈述之间的关系，这种概率演算发端于法国的数学家和物理学家帕斯卡（B.Pascal，1623—1662），因此被称为"帕斯卡概率逻辑"。按照概率的三种不同含义，帕斯卡概率逻辑（帕斯卡概率演算）相应地可以被分为三种类型：频率概率演算、主观概率演算、归纳概率演算。[②] 其中

---

① 约翰－克里斯蒂安•史密斯．认知科学的历史基础 [M]. 武建峰，译．北京：科学出版社，2014：3.

② 桂起权，任晓明，朱志芳．机遇与冒险的逻辑 [M]. 东营：中国石油大学出版社，1996：88.

归纳概率演算与归纳推理的关系最密切，因而也是我们进行分析和研究的重要对象。我们知道，演绎和归纳的根本区别就在于，由于前提和结论所断定的知识范围不同而导致结论具有必然性还是或然性。对于归纳推理来说，如何提高前提对结论的支持强度以及如何将这种强度用形式化和系统化的公式准确地加以表述，是帕斯卡概率逻辑在现代归纳逻辑乃至科学哲学中能否作为主流方向发展的一个重要条件。因此，在概率逻辑发展的进程中，赖欣巴哈的频率解释理论为他所建立的公理系统提供了一个可取模型，尽管这一模型具有“理想化”的色彩，对于休谟提出的“归纳是否合理”这一重大认知哲学问题仍然没有正面地解决，但是赖欣巴哈把频率解释应用于归纳推理这一思想本身便具有科学性和创造性。他的“统计概率”在本质上是在已有观察证据的基础上对未来事件的概率估测，这种富有启发性的思想不仅构成了现代归纳逻辑理论的重要内容，而且也是科学哲学进程中的宝贵财富。除此之外，卡尔纳普的确证度理论也为帕斯卡概率逻辑的进一步深化提供了强有力的工具。他进一步探讨了归纳方法的最优化问题，构造了不同的参数系统并进行语义解释，第一次用逻辑语义学的方式完成了归纳逻辑的频率演算，从而构造了现代归纳逻辑在不同的归纳方法中能够进行“择优”的理论，并为此提供了科学依据，极大地实现了科学理论创新。也就是说，帕斯卡概率逻辑不仅为科学哲学提供了归纳方法和模型，更重要的是，它具有的强大认知功能是现代归纳逻辑结构不断优化的一个重要途径。

其次，基于认知哲学的非帕斯卡概率逻辑是科学哲学在归纳系统中的新型应用。 如前所述，按照帕斯卡概率原则建立的归纳逻辑，被称为“帕斯卡概率逻辑”，它不仅是对已知经验材料的检验，而且是对未来科学知识的预测，是科学理论创新的重要工具。无论是赖欣巴哈的频率解释，还是卡尔纳普的逻辑解释，都没有超出帕斯卡概率逻辑的范畴。科学实践证明，这种归纳逻辑在科学研究的实际应用中遇到了种种困难，为了解决这些困难，正确地反映知识增长的客观情况，非帕斯卡概率逻辑应运而生，其中以科恩建立的新培根主义概率逻辑系统应用最为广泛，影响最为深刻。主要表现为：科恩抓住了培根归纳逻辑思想最核心的部分——依据证据的变化进行科学知识的归纳和科学原理的等级呈上升态势，据此构建了他的概率逻辑系统中的核心理念——相关变量方法（在特定研究领域中对假说的可靠性进行分级）和广义模态逻辑（把“可靠性等级”表示为通往规律的阶梯）[①]。可以看出，科恩的归纳逻辑与其他概率逻辑派别相比，更加突出了用逻辑的方法刻画实际推理和经验的多样性，这也是科学哲学在认知方面和概率逻辑的一次新型结合和应用。他强调的是归纳逻辑的形式系统和自然科学的非形式原型之间的紧密联系，并在其概率逻辑系统中运用“归纳支持”去反映和刻画这一关系。从本质上讲，科恩的研究目的在于从自然科学的归纳哲学角度出发把握其实验推理的根本方法和有效途径，使得科学的逻辑必须符合科学的实际，符合科学实践的思维实际，从而能够有效地解决科学实验中出现的问题，这本身也是一种科学的进步和知识的创新。从科学认知的角度看，它也是一种恰当地反映人类思维和社会实践的归纳逻辑体系。非帕斯卡概率逻辑强调逻辑证据所包含的各种信息，并试图用归纳系统去刻画这些信息对科学知识的反映，这种动态的信息认知刻画本身就是一种知识增长的过程，因而科恩的归纳逻辑理论对于提高现代归纳逻辑在科学认知方面发挥的功能和作用方面是一个不可或缺的重要条件，其意义也是显而易见的。

最后，因果陈述逻辑是现代归纳逻辑具有科学和哲学认知功能的重要表现形式。在现代归纳逻辑的发展史中，凯恩斯、赖欣巴哈、卡尔纳普、科恩等人都作出了重要的贡献。而勃克斯从与上述逻辑学家不同的研究角度和路径出发，以归纳逻辑的因果化为出发点，首次提出了因果陈述逻辑系统，从而使得因果陈述逻辑的发展进入一个新的阶段。其中，在因果陈述逻辑的语义解释中，他提出了“因果可能世界”概念，并将它应用于元胞自动机的系统中，形成了其独特的因果元胞自动机理论，为构造因果陈述逻辑的模型奠定了理论基础。也就是说，“因果蕴涵”“因果可能世界”等具有因果特性的概念在勃克斯的因果陈述逻辑中发挥着重要的作用，通过它们的桥梁作用勃克斯将他的归纳概率思想贯穿其中，形成了具有因果特色的归纳概率逻辑理论。

另外，勃克斯对因果模型的构建也是他对归纳逻辑的发展所作出的重要贡献，原因就在于，因果模型不仅是勃克斯所定义的标准归纳逻辑的模态结构，而且通过因果模型能够对该模态结构进行归纳概率的赋值。尽管这一模型存在

① 桂起权，任晓明，朱志芳．机遇与冒险的逻辑 [M]. 东营：中国石油大学出版社，1996: 151.

缺陷，即它虽然能够说明如何证实因果必然性的陈述，但是仍然不能说明如何证实概率或者或然性的陈述，也就是说它无法解释概率或者或然性。为此，勃克斯借助“因果元胞自动机”理论建立了一个新的模型（统计模型），解决了上述问题。可见，勃克斯构造的因果模态模型，是他的因果陈述逻辑和归纳概率逻辑中必不可少的一个理论环节，它和统计模型一起，构成了勃克斯的标准归纳逻辑的模型共同体，而勃克斯也因此建立了概率、因果律和归纳推理的统一理论，解决了归纳逻辑史上因果关系和概率互相排斥的问题，使二者形成了一致和统一，从而为归纳逻辑的发展提供了一种新的思路。

总之，勃克斯对归纳逻辑的研究所付出的努力以及他所作出的贡献是具有开拓性的，极大地丰富了归纳思想，拓宽了该领域的视野。另外，作为计算机科学家的勃克斯，他的现代归纳逻辑理论将科学逻辑和归纳哲学进行了交叉和融合，形成了以科学、哲学、逻辑为支撑点的“三位一体”局面，进一步提高了现代归纳逻辑的知识创新水平。

第三节 卡尔纳普归纳逻辑的认知意义

我们是如何认识客观世界的？答案是把握世界的规律，并利用这些规律改造世界。我们自身的、最原始的认知方式充满了局限性，而归纳逻辑作为我们认知的扩展工具，为我们提供了认识这个世界规则的智力支持。卡尔纳普建构的归纳逻辑体系表明：第一，作为逻辑经验主义的代表人物，他认为一切知识都是概然性的，现代归纳逻辑的主要研究方向——概率逻辑从其本质上看，也是对未来的预测，也就是在事物已有的证据基础上推测未来事物的发展方向。卡尔纳普的逻辑系统通过精确的计算，对未来事物的发展给出一个概率评估，我们可以根据这个评估进行行动。第二，概率逻辑对一个理论的不同假说进行概率评估，目的就是计算出不同假说在现有证据基础上的确证度。我们的评估与依据是各假说被分配的概率，我们对不同假说进行选择的过程也就是科学创新的过程。卡尔纳普的归纳逻辑理论对人们认知的创新是毋庸置疑的，但是如果要进一步增强其认知功能，还需要逻辑学研究者不断地进行总结与完善。

一、概率归纳逻辑的认知特点

（一）归纳逻辑的认知转向

我们在日常生活中与经验科学中所进行的观察是一样的，都是揭示了世界上某种重复性或规律性，例如昼夜交替、四季轮回等，科学规律的目标就是要能够对这些规律进行精确的认知并且表达出来。在认知科学方法论与认知价值的迫切需求之下，归纳逻辑由古典的定性和定量认知转向现代的不足与复杂认知，对于认知的研究一直都是归纳逻辑的研究主题。包括简单枚举法等逻辑方法在内的古典归纳逻辑是以人们认知增长为目标，而现代归纳逻辑在建立之初的目标就是要建立一个满足定量认知需要的完美体系。对于不足认知与复杂认知，归纳逻辑更视之为己任，这也是归纳逻辑发展的突破点。在现代归纳逻辑流派中，贝叶斯学派代表人物卡尔纳普建构的体系是最为典型的，值得我们深入研究。

（二）帕斯卡概率流派的横向比较

频率从相对频率计算出来。这是因为，赖欣巴哈理论中所强调的过程性与客观性，把“科学实验”与“概率”紧密地联系在了一起，断定了世界上是存在统计规律与概率的。所以，以赖欣巴哈为代表的经验主义所强调的频率归纳逻辑为科学探究与科学认知提供了一个典型的研究范式。它对于经验自然科学领域具有实际意义，可以作为认知工具在实际的科学实验进行操作。但是，对于极限频率是否存在的问题，赖欣巴哈采取了一种实用主义的方式。他表示，我们不能确切地说它存不存在，如果我们要考察的一个序列存在极限频率，那么我们就一定可以利用相对频率进行计算并把它找出来。如果它不存在，我们的这个方法就会出现错误。所以，我们也遇到了问题：单个事件和科学假说的概率如何用频率极限进行定义。[①]

主观贝叶斯学派认为“概率”是个人的实际置信度，也就是某主体 X 对于某假说 H 被确证、某命题 P 为真或某事件 W 发生的相信程度。[②] 主观贝叶斯学派认为对于同一命题或事件，一个主体可以自由地选择在 0 至 1 这个范围内的

---

① 谭硅圆 . 贝叶斯条件决策理论研究 [D]. 湘潭：湘潭大学，2019：178.

② 史红继，杨程 . 基于归纳逻辑的人工智能研究 [J]. 贵州工程应用技术学院学报，2019（1）：66-72，94.

任意置信度。同时，主体对于相同的事件或命题集合的置信度也应当保持一致。对于把“概率”定义为人类主体的认知程度，从这一观点不难看出，主观贝叶斯的观点是科学认知依赖于认知主体。这也为科学工作者在实验中提供了一个研究的模式：在实验过程中要考虑到主体的主观先验影响。这个先验的发展趋势与程度如何？都是需要我们深思熟虑的。主观贝叶斯的概率论逻辑与现代统计决策是有紧密联系的，因为这样的决策主要适用于在不确定的情况下进行决策活动。当然，作为决策主体的实验者需要掌握统计学或者利用计算机进行科学证实与发现。主观贝叶斯面临的一个难题就是“说明关于事件的主观概率与频率稳定值之间的关系”。它涉及的是主观概率能否处理频率问题，主观贝叶斯是否具有普遍的适用性。①

逻辑贝叶斯学派认为，“概率”是一种逻辑关系，它是作为命题的前提集合与作为结论集合之间的逻辑关系。结论 e 有 r 的合理信念，那么，我们就可以说前提 h 和结论 e 有概率为 r。这是一次前所未有的突破，第一次有研究者对命题之间的概率作出了系统的考察与建构。卡尔纳普是逻辑贝叶斯学派的主要代表。通过与演绎逻辑的比较，卡尔纳普提出了“逻辑概率”这个概念，即证据对假设的确证度。他又构建了 C 函数，作为逻辑概率的精确化。为了计算 C 函数的值，卡尔纳普又采取了逻辑域这个概念。这个概念就是指令 C 函数为真的所有可能世界的集合。这个精致却又繁杂的逻辑算法对科学认知提供了方法论的先导。他认为一切知识都是概然性知识，归纳逻辑就是概率逻辑。他运用自己构建的逻辑体系对一个理论的不同假说进行评估，获取假说之中最大的确证度。他的确证度就是在已知经验材料 e 的情况下对假说 h 的支持程度，符号表示为：C（h，e）=r。根据证据 e，假说 h 的可信度为 1/3，用公式表示为 C（h，e）=1/3。这种评估所依据的就是对不同假说发生时的概率。依据概率，在不同假说之中选择或避免最优或最劣的情况，而这种选择的过程就是科学理论的创新。他的确证度理论也为科学理论的选择提供依据，对每一个科学理论进行概率分配之后选择概率值最大的那个，这也就是为科学创新提供理论选择的根据与基础。②

① 肖波．有限模型下的模态概率逻辑 [J]. 逻辑学研究，2014（3）：45-69.

② 胡小伟．卡尔纳普逻辑语义学研究 [D]. 保定：河北大学，2018：56.

从相同点来看，无论是逻辑贝叶斯学派、主观贝叶斯学派或者经验主义学派，它们本质上所研究的归纳推理都是枚举归纳法。它们具有相同的特点，那就是结论断定的范围都超出了前提的范围。他们的推理是不确定的、放大了的推理。也正是他们所具有的这些性质，使得它们的推导结果是对原有前提或知识的深化与拓展，更可以对未来进行预测。

二、卡尔纳普归纳逻辑的认知价值

（一）卡尔纳普归纳推理的五种主要类型

卡尔纳普曾明确地说："我把归纳逻辑理解为一种逻辑概率的理论，用以给出归纳思维规则。"也就是说他要为科学实验与日常的归纳思维与归纳方法提供一定的程式和规则。

在《概率的逻辑基础》这部著作中，卡尔纳普提出了用确证概率论为工具进行归纳推理研究的基本构想。他认为归纳推理与演绎推理不同，不是获得一个新命题，而是确定证实度。他把自己研究的归纳推理分为五种基本的类型：直接推理、预见性推理、类比推理、逆推理、全称推理。卡尔纳普指出，这五种推理只是归纳推理中最重要的五种类型，而不是对一切归纳推理所作出的穷尽的、彼此不相容的划分。

（1）直接归纳推理，它是总体到样本的推理。在人们的日常生活与科学实验中被运用最多，也是最为熟练的推理方法。人们的思维由普遍推出特殊，把握事物存在与运行的规律，作出合理的决策。

（2）预测归纳推理，它是由一个样本推出另一个样本的推理。卡尔纳普认为，预测归纳推理是最重要的一个归纳推理。而预测归纳推理最重要的特例是单称预测推理。预测推理，它作为人们认识世界最为重要的推理方法之一，是科学实验的关键环节。科学实验始于对个别事物的观察，科学家通过对多种事物的观察、比较发现其发展规律，利用规律来预言尚未知道的事实。对于归纳推理由已知推出未知一直为人所诟病，所以卡尔纳普等人在归纳逻辑中引入了概率论，用以推测非全称规律的发生。

（3）类比推理，类比归纳推理是根据个体 a 和个体 b 具有某些相同的性质，此外 a 有另外一些性质，我们可以推测 b 同样有某些和 a 相同的性质。卡尔纳普对类比推理的解释类似于传统意义上的理解，他认为，类比推理是根据个体已知的相似由一个推到另一个推理。

（4）逆推理，逆归纳推理是由个体推出总体的推理。卡尔纳普认为逆推理是预测归纳推理的一个特例。已知的样本是第一个个体，而接下来从第二个出现的样本则是包括了总体在内的剩余部分。

（5）全称归纳推理，全称归纳推理是从一个或一部分观察过的样本推出全部样本的全称命题形式假说推理。卡尔纳普强调，对于个体数目为无穷的系统，全称概括假说的确证度也为零。

由此可以看出，人们知识的增长，尤其是科学知识的增长，一直是一个较为复杂的问题。科学归纳逻辑的创始人培根（Francis Bacon）在《新工具》中指出："归纳法作为工具帮助人们从新发现的事物中找出概念与公理的恰当方法，同时它也是进行正确思维探索真理的重要工具。"卡尔纳普在 C* 与 m* 的基础上分类出的五种归纳推理类型为归纳逻辑的合理性作出有效的解释，为经验自然科学在知识获取与科学创新方面提供了强有力的认知工具。

（二）卡尔纳普归纳逻辑的认知局限性与转变

如果要进一步增强卡尔纳普归纳逻辑体系的认知功能，还需要做几点工作：

第一，从单调性向非单调性转变。一种推理具有非单调性，比如有 x，y 与 z，如果 $x \Rightarrow z$，$\neg\exists(x \cup y \Rightarrow z)$。这个推导表明，新证据或新信念的出现可能会影响结论 z 的真值。[①] 卡尔纳普的概率逻辑对一个命题的确证度不是一直保持不变的，要注意新证据出现时，它对原命题真值的影响。

第二，从完全性向不完全性的转变。卡尔纳普归纳逻辑体系假定了研究者知道某一实验的所有可能结果，穷举了可能世界的集合。同时，研究者认为某个概率值在 [0，1] 中，假定了研究者能够确定任一可能事件的概率值。但是，人类目前的认知是存在短板的，我们的认知也在不停地发展，所以对于科学理论的研究也处于动态和变化之中。为了不断地探索认知的黑洞，建构起一个对科学探索具有发展作用和认知功能的逻辑体系，需要从完全性向不完全性的转变。这是一个极具挑战性的任务，不是一蹴而就的过程，它需要无数的学者循序渐进地推进。

---

① 李睿红 . 卡尔纳普归纳逻辑及其意义探析 [D]. 重庆：西南大学， 2009：76.

第三，从哲学层面对卡尔纳普的归纳逻辑体系进行深入思考。现代归纳逻辑，尤其是以卡尔纳普为代表的逻辑贝叶斯学派，更多的是集中于公式、定理等技术层面的研究，缺乏对归纳问题哲学层面的思考。哲学层面的思考主要集中在世界观与方法论之上。卡尔纳普在其归纳系统L的状态描述计数中遇到了困难，因为随着L初始谓词个体的增加，状态描述的个数将是一个天文数字，为此他定义了∧系统，但是又出现了无限全称命题相对有限证据概率为零的问题，他不得不选择回避科学假说的确证度问题，转向打赌决策理论。因此，卡尔纳普所遇到的问题，在很大程度上是因为缺乏元理论的建构，没有在哲学层面上进行充分的思考。

第四，从单一学科向跨学科转变。古典归纳逻辑向现代归纳逻辑的飞跃是因为概率论、数理逻辑的发展。这不仅拓展了归纳逻辑的外延形式，更丰富了其内涵。归纳逻辑是随着时代人文、科技进步等社会发展的迫切要求而向前的。相比过去人类的认知活动，现当代人类的认知活动呈现出复杂多变的特点，可知的前提随时面对被推翻的可能，科学创新日新月异。基于单一学科的归纳逻辑已经无法满足人们认知的多元化与复杂化需求。如果要推动归纳逻辑的发展就需要进一步进行跨越学科研究，即与心理学、神经科学、量子物理学、计算机学科等进行跨领域研究。卡尔纳普的归纳逻辑体系也需要通过跨领域来丰富其认知功能。例如，在卡尔纳普的系统L状态描述理论方面，如果利用超级计算机进行计算，则有可能会迎刃而解。2010年我国的“天河1号”超级计算机的计算能力在峰值期每秒可达4700万亿次，需要60亿人计算一年的时间，它1秒就能完成，而“天河3号”是“天河1号”的200倍。也就是说，逻辑是人类思维的延伸，但是又独立于思维，是思维意识的重要工具。我们利用这个工具去探索、认知世界，不能局限于自身之中。它需要逻辑学者们把视野覆盖到各个前沿学科领域，了解它们的所急、所需，提出解决问题的切实可行的方案。

参 考 文 献

中文著作

[1] 亨普尔 . 自然科学的哲学 [M]. 张华夏，译 . 北京：中国人民大学出版社，2006.
[2] 波珀 . 科学发现的逻辑 [M]. 查汝强，等译 . 沈阳：沈阳出版社，1999.
[3] 陈波 . 逻辑哲学 [M]. 北京：北京大学出版社，2005.
[4] 陈克艰 . 上帝怎样掷骰子 [M]. 成都：四川人民出版社，1987.
[5] 陈晓平 . 归纳逻辑与归纳悖论 [M]. 武汉：武汉大学出版社，1994.
[6] 邓生庆，任晓明 . 归纳逻辑百年历程 [M]. 北京：中央编译出版社，2006.
[7] 邓生庆 . 归纳逻辑 [M]. 成都：四川大学出版社，1991.
[8] 桂起权，任晓明，朱志芳 . 机遇与冒险的逻辑 [M]. 东营：中国石油大学出版社，1996.
[9] 郭贵春，成素梅 . 科学哲学的新进展 [M]. 北京：科学出版社，2008.
[10] 洪谦 . 逻辑经验主义（上卷）[M]. 北京：商务印书馆，1999.
[11] 黄顺基，苏越，黄展骥 . 逻辑与知识创新 [M]. 北京：中国人民大学出版社，2002.
[12] 季方舟 . 大卫 • 刘易斯的反事实条件句理论 [D]. 上海：华东师范大学，2009.
[13] 江天骥 . 归纳逻辑导论 [M]. 长沙：湖南人民出版社，1987.
[14] 金岳霖 . 知识论 [M]. 北京：商务印书馆，1983.
[15] 李小五 . 现代归纳逻辑与概率逻辑 [M]. 北京：科学出版社，1992.
[16] 刘大椿 . 科学哲学 [M]. 北京：中国人民大学出版社，2006.
[17] 任晓明 . 新编归纳逻辑导论 [M]. 郑州：河南人民出版社，2009.

[18] 任晓明 . 当代归纳逻辑探颐 [M]. 成都：成都科技大学出版社，1993.
[19] 王雨田 . 归纳逻辑导引 [M]. 上海：上海人民出版社，1992.
[20] 维之 . 因果关系研究 [M]. 北京：长征出版社，2002.
[21] 吴炳荣，王雨田 . 归纳逻辑与人工智能 [M]. 北京：中国纺织大学出版社，1995.
[22] 张清宇 . 逻辑哲学九章 [M]. 南京：江苏人民出版社，2004.
[23] 张之沧 . 科学哲学导论 [M]. 北京：人民出版社，2004.

中文期刊

[1] 陈晓平 . 关于归纳逻辑的若干问题——对现代归纳逻辑的回顾与展望 [J]. 自然辩证法通讯，2000（5）：21-48.
[2] 丁玲 . 浅析归纳逻辑的地位及逻辑的本质 [J]. 青海师专学报（教育科学），2004（2）：5-6.
[3] 桂起权 . 人工智能研究对归纳逻辑的新理解——从科学哲学与逻辑哲学观点看 [J]. 洛阳师范学院学报，2004（1）：27-30.
[4] 何向东 .“归纳问题”的逻辑哲学研究述评 [J]. 哲学研究，2005（12）：79-83.
[5] 何向东 . 归纳逻辑与科学创新 [J]. 哲学研究，2004（12）：75-80.
[6] 何向东，吕进 . 归纳逻辑研究述评 [J]. 自然辩证法研究，2007（3）：31-34.
[7] 何向东，王磊 . 中西哲学因果关系研究的回顾及其启示 [J]. 哲学研究，2010（2）：71-78.
[8] 何向东，王磊 . 蒯因论逻辑真理的哲学性质 [J]. 哲学研究，2008（3）：121-126.
[9] 刘邦凡 . 当今三大发展中逻辑的交叉及其认知归省 [J]. 哲学动态，2008（6）：86-91.
[10] 刘邦凡 . 论现代归纳逻辑的科学认知功能 [J]. 科学技术与工程，2005，5（8）：487-490.
[11] 刘邦凡，王磊 . 科学、哲学与认知融合视域下的因果陈述逻辑 [J]. 哲学研究，2013（12）：114-118.
[12] 刘邦凡，王磊 . 论逻辑的自然与自然的逻辑 [J]. 自然辩证法研究，2010（1）：12-16.

[13] 刘邦凡，王磊．中英美暑期哲学学院第 17 期高级研讨班暨 2013 当代中国哲学发展国际学术研讨会综述 [J]. 哲学动态，2013（11）：112-113.
[14] 骆斌，戈也挺，朱朝晖，等．行动推理中循环因果关系的研究 [J]. 计算机学报，2005，28（5）：829-837.
[15] 王雨田．逻辑学中怎能没有归纳逻辑——评唯演绎主义的归纳观 [J]. 哲学研究，2002（3）：72-77.
[16] 温华．归纳逻辑与认识论 [J]. 江汉论坛，2002（12）：36-39.
[17] 吴梅红，等．基于因果关系的行动理论扩充 [J]. 计算机辅助工程，2006，15（3）：42-45.
[18] 武宏志，刘春杰．论时间—因果逻辑 [J]. 内蒙古师大学报（哲学社会科学版），1997（3）：71-77.
[19] 王磊，何向东．因果逻辑研究述评 [J]. 哲学动态，2009（10）：98-101.
[20] 王磊，刘新文．"逻辑之门"学术研讨会综述 [J]. 哲学动态，2010（8）：109-111.
[21] 谢俊丽．现代归纳逻辑的知识创新意义 [J]. 西南民族学院学报（哲学社会科学版），2000（7）：132-138.
[22] 熊立文．归纳逻辑的现代发展 [J]. 北京航空航天大学学报（社会科学版），2000（2）：45-47，57.
[23] 杨炳儒，江亚东．广义细胞自动机与广义归纳逻辑因果模型 [J]. 北京科技大学学报，1997（4）：403-408.
[24] 张德政，石阳，邓一，等．基于广义归纳逻辑因果模型的知识发现与算法实现 [J]. 北京科技大学学报，2003（4）：377-386.
[25] 张晓勤．具有两种因果关系模糊逻辑分析模型的稳定性结构 [J]. 洛阳师范学院学报，2006（5）：4-6.
[26] 张志林．因果关系的状态空间模型 [J]. 自然辩证法通讯，1996（1）：7-14.

英文文献

[1] Alexander Bochman. A Logical foundation for logic programmingII：Semantics of general logic programms[J]. Journal of Logic Programming，1998（35）：171-194.

[2] Alexander Bochman. A logic for causal reasoning[J]. Proceedings IJ-CAI' 03, Acapulco, Morgan Kaufmann, 2003 : 141-146.

[3] Arthur W Burks. Chance, Cause, Reason[M]. Chicago : The University of Chicago Press, 1977.

[4] Arthur W Burks. The Logic of Causal Propositions[J]. Mind, 1951 : 363-382.

[5] C Baral, M Gelfond. Logic programming and knowledge representation[J]. Journal of Logic Programming, 1994 (19, 20) : 73-148.

[6] Davidson Donald. Causal Relations[M]. Oxford : Oxford University Press, 1967.

[7] D Makinson, L Van der Torre. Input/Output logics[J]. Journal of Philosophical Logic, 2000 (29) : 383-408.

[8] H Geffner. Causal theories of nonmonotonic reasoning[C]. Proc. of AAAI-90, 1990 : 524-530.

[9] H Geffner. Default Reasoning : Causal and Conditional Theories[M]. Cambridge : MIT Press, 1992.

[10] J Dix, G Gottlob, V Marek. Causal models for disjunctive logic programs[M]// S Margherita Ligure. Proc. 11th Int. Conf. On Logic Programming. MIT Press, 1994 : 290-302.

[11] K Lewis David. Counter factuals[M]. Oxford : Basil Blackwell Ltd, 1973.

[12] N McCain, H Turner. Causal theories of action and change[C]. Proceedings AAAI-97, 1997 : 460-465.

[13] P Haddawy. A logic of time, chance, and action for representingplans[J]. Artificial Intelligence, 1996, 80 (2) : 243-308.

[14] T C Przymusinski. Stable semantics for disjunctive programs[J]. New Generation Computing, 1991 (9) : 401-424.

[15] V Lifschitz. On the logic of causal explanation[J]. Artificial Intelligence, 1997 (96) : 451-465.